基于大数据的电子商务研究

马秋艳　许亚文　刘　娜◎著

文化发展出版社
Cultural Development Press
・北京・

U0868542

图书在版编目（CIP）数据

基于大数据的电子商务研究 / 马秋艳，许亚文，刘娜著．-- 北京 ：文化发展出版社，2024．8．-- ISBN 978-7-5142-4443-4

Ⅰ．F713.36

中国国家版本馆 CIP 数据核字第 2024P270Q1 号

基于大数据的电子商务研究

马秋艳　许亚文　刘　娜　著

出 版 人：宋　娜

责任编辑：孙　烨　　　　责任校对：侯　娜

责任印制：杨　骏　　　　封面设计：李文杏

出版发行：文化发展出版社（北京市翠微路 2 号　邮编：100036）

网　　址：www.wenhuafazhan.com

经　　销：全国新华书店

印　　刷：天津和萱印刷有限公司

开　　本：710mm × 1000mm　1/16

字　　数：200 千字

印　　张：10.25

版　　次：2025 年 1 月第 1 版

印　　次：2025 年 1 月第 1 次印刷

定　　价：72.00 元

I S B N：978-7-5142-4443-4

◆ 如有印装质量问题，请电话联系：010-58484999

前　言

21 世纪展现在人类面前的是一个以数字化、网络化、信息化为特征的大数据时代。电子商务指的是分属不同区域的交易主体通过电子商务平台达成交易，进行电子支付结算，并通过跨区域物流及异地仓储送达商品，从而完成交易的一种商业活动。大数据背景下，电子商务发展为电子商务企业带来了新的机遇。作为一种新的商贸形式，电子商务可以提供网上交易和管理等全过程的服务，包括广告宣传、咨询洽谈、网上订购、网上支付、电子账户、服务传递、意见征询和业务管理等各项内容，不仅能对企业的经营方式和运作过程产生巨大的影响，还能对消费者的思维方式、工作方式和生活方式产生巨大的影响，这种环境变化要求电子商务企业必须建立起与之相适应的新的经营理念和管理模式。随着互联网经济与大数据技术的不断演进，电子商务的发展也必将迎来新的天地，成为我国经济增长不可忽视的热点领域。

本书以大数据为基础分析电子商务的发展，共分为 7 章。第一章为大数据与电子商务概述，共分为 3 节，分别是大数据概述、电子商务概述、大数据在电子商务中的应用与发展趋势。第二章为基于大数据的电子商务技术发展，共分为 4 节，分别是电子商务的技术框架、网络技术、多媒体技术、大数据新技术。第三章为基于大数据的电子商务消费者行为分析，共分为 2 节，分别是电子商务消费者行为概述、基于大数据的电子商务对消费者行为影响机制。第四章为基于大数据的电子商务运营推广，共分为 5 节，分别是基于大数据的商业模式创新、基于大数据的电子商务选品、数据化运用体系流程及其作用、数据分析驱动下的营销推广、基于大数据的电子商务运营案例分析。第五章为基于大数据的电子支付发展，共分为 4 节，分别是网上支付模式、网络银行及其支付、第三方支付、移动支付。第六章为基于大数据的电子商务安全与保障，共分为 5 节，分别是电子商务安全概述，电子商务安全技术，电子商务法律、法规保障体系建设，电子商务诚信体系，基于大数据的消费者隐私保护。第七章为基于大数据的电子商务数据分析，共分为 4 节，分别是电子商务大数据导论、电子商务大数据采集与预处理、电子商务大数据分析、案例分析。

在撰写本书的过程中，作者参考了大量的学术文献，得到了许多学者的帮助，在此表示真诚感谢。

本书内容系统全面，论述条理清晰、深入浅出，但由于作者水平有限，书中难免有疏漏之处，希望广大读者及时指正。

马秋艳

2024年1月

目录

第一章 大数据与电子商务概述

本章为大数据与电子商务概述，共分为3节，分别是大数据概述、电子商务概述、大数据在电子商务中的应用与发展趋势。大数据时代的到来，为电子商务的发展带来了新的机遇。

第一节 大数据概述

一、大数据的概念

大数据时代已经来临，“大数据”一词迅速火遍互联网信息技术行业。大数据是指难以用一般软件和相关工具在有限时间范围内挖掘、整理和分析的数据集合，是需要新处理模式才能具有更强的决策力、洞察发现力和流程优化能力的海量、高增长率和多样化的信息资产。

在维克托·迈尔－舍恩伯格（Viktor Mayer-Schönberger）及肯尼斯·库克耶（Kenneth Cukier）编写的《大数据时代：生活、工作与思维的大变革》中，大数据指不用随机分析法（抽样调查）这样的捷径，而采用所有数据进行分析处理。

二、大数据的特点

大数据的特点是数据量大、处理速度快、数据类型繁多、价值密度低及具有真实性。

（一）数据量大

人类进入信息社会以后，数据以自然方式增长，其产生不以人的意志为转移。今后的数据量增长速度将更快，大家正生活在一个“数据爆炸”的时代。如今，世界上只有25%的设备是联网的，大约80%的上网设备是计算机和手机，而在不远的将来，将有更多的用户成为网民，家用电器、生产机器等各种设备也将接入互联网。随着Web2.0和移动互联网的快速发展，人们已经可以随时随地发布包括博客、微博、微信等在内的各种信息。数据量大是大数据技术的关键特点，而且整体涉及规模过于庞大，从以往所采用的吉字节（GB）、太字节（TB）逐渐升级为拍字节（PB）级别，甚至部分大型企业运用了泽字节（ZB）和艾字节（EB）等计量级别。随着物联网的推广和普及，各种传感器和摄像头将遍布人们工作和生活的各个角落，这些设备每时每刻都在自动产生大量数据。

（二）处理速度快

大数据时代的数据产生速度非常迅速。在 Web2.0 应用领域，1 分钟内，新浪可以产生 2 万条微博，苹果商店有 4.7 万次应用下载，淘宝可以卖出 6 万件商品，人人网可以发生 30 万次访问，百度可以产生 90 万次搜索查询。大名鼎鼎的大型强子对撞机（LHC）大约每秒产生 6 亿次碰撞，每秒生成约 700MB 数据，有成千上万台计算机分析这些碰撞。[①]

大数据时代的很多应用需要基于快速生成的数据给出实时分析结果，用于指导生产和生活实践。因此，数据处理和分析的速度通常要达到秒级响应，这一点和传统的数据挖掘技术有着本质的不同，后者通常不要求给出实时分析结果。

（三）数据类型繁多

大数据的数据来源众多，科学研究、企业应用和 Web 应用等都在源源不断地生成新的数据。生物大数据、交通大数据、医疗大数据、电信大数据、电力大数据、金融大数据等都呈现出了“井喷式”增长，所涉及的数量巨大，已经从 TB 级别跃升到 PB 级别。大数据的数据类型丰富，包括结构化数据和非结构化数据。其中，前者占 10%左右，主要是指存储在关系数据库中的数据；后者占 90%左右，种类繁多，主要包括邮件、音频视频、位置信息、链接信息、手机呼叫信息、网络日志等。

如此类型繁多的异构数据，对数据处理和分析技术提出了新的挑战，也带来了新的机遇。传统数据主要存储在关系数据库中，但在类似 Web2.0 等应用领域中，越来越多的数据开始被存储在非关系型数据库（NoSQL）中，这就必然要求在集成的过程中进行数据转换，而这种转换的过程是非常复杂和难以管理的。传统的联机分析处理（OLAP）和商务智能工具大多面向结构化数据，而在大数据时代，用户友好的、支持非结构化数据分析的商业软件也将迎来广阔的市场空间。

① 朱二喜，华驰．大数据导论[M]．北京：机械工业出版社，2021．

（四）价值密度低

尽管大数据看上去很完美，但它的价值密度并不高。随着大数据时代的到来，大量有价值的信息以各种形式存在于数据中。以小区内的监控录像为例，在没有突发状况的前提下，连续产生的影像资料毫无价值，一旦遇到盗窃、打架斗殴等突发事件时，记录了这些事件的监控视频就变得有价值了。想要拍到一些有价值的录像，如意外发生时的录像，就必须花大价钱去购买监控设备、存储设备、连接网线，付出巨大的成本和存储空间，将监控设备产生的大量的影像资料保存下来。

再如，电子商务网站想要利用微博数据开展精准营销，则需要建立一个大数据平台，用以存储和分析微博数据，根据分析结果对微博用户进行精准的消费趋势预测。计划是美好的，但实际成本却是巨大的，建立一个大数据团队和平台，可能要花上几百万元，而最后给公司带来的利润有可能远远不如投入，因此大数据的价值密度比较低。

（五）具有真实性

如今，大部分企业在使用大数据。大数据分析提供了一个真正具有潜在利益的矿藏。大数据真实性体现在数据的质量上，质量好的数据能够给生产和生活带来前所未有的效益。绝大多数企业表示大数据的好处是巨大的。在 WaveStone 公司，很多企业高管表示，他们已经看到了可衡量的业务成果。此外，也有一些企业高管认为，现在判断这些投资对他们公司的影响还为时尚早。

三、大数据的影响

大数据对科学研究、思维方式和社会发展都具有重要而深远的影响。在科学研究方面，大数据使得人类科学研究在经历了实验、理论、计算三种范式之后迎来了第四种范式——数据；在思维方式方面，大数据具有“全样而非抽样、效率而非精确、相关而非因果”三大显著特征，完全颠覆了传统的思维方式；在社会发展方面，大数据决策逐渐成为一种新的决策方式，大数据应用有力地促进了信息技术与各行业的深度融合，大数据开发大大推动了新技术和新应用不断涌现。

（一）大数据对科学研究的影响

在最初的科学研究阶段，人类采用实验来解决一些科学问题，著名的比萨斜塔实验就是一个典型实例。1590 年，伽利略（Galilei）在比萨斜塔上做了“两个铁球同时落地”的实验，得出了重量不同的两个铁球同时落地的结论，从此推翻了亚里士多德（Aristotle）“物体下落速度和重量成比例”的学说，纠正了这个持续了1900多年的错误结论。

实验科学的研究会受到当时实验条件的限制，难以完成对自然现象更精确的理解。随着科学的进步，人类开始采用数学、几何、物理等理论，构建问题模型和解决方案。例如，牛顿第一定律、牛顿第二定律、牛顿第三定律构成了牛顿力学的完整体系，奠定了经典力学的概念基础，它的广泛传播和运用对人们的生活和思想产生了重大影响，在很大程度上推动了人类社会的发展与进步

随着1946年人类历史上第一台计算机ENIAC的诞生，人类社会开始步入计算机时代，科学研究也进入了一个以“计算”为中心的全新时期。在实际应用中，计算科学主要用于对各个科学问题进行计算机模拟和其他形式的计算。通过设计算法并编写相应程序输入计算机运行，人类可以借助计算机的高速运算能力去解决各种问题。计算机具有存储容量大、运算速度快、精度高、可重复执行等特点，是科学研究的利器，推动了人类社会的飞速发展。

随着数据的不断累积，其宝贵价值日益得到体现，物联网和云计算的出现，更是促成了事物发展从量变到质变的转变，使人类社会开启了全新的大数据时代。这时，计算机将不仅能做模拟仿真，还能进行分析总结，得出理论。在大数据环境下，一切将以数据为中心，从数据中发现问题、解决问题，真正体现数据的价值。大数据将成为科学工作者的宝藏，从数据中可以挖掘未知模式和有价值的信息，服务于生产和生活，推动科技创新和社会进步。虽然第三种范式和第四种范式都是利用计算机来进行计算，但是二者还是有本质区别的。在第三种范式中，一般是先提出可能的理论，再收集数据，然后通过计算来验证。对于第四种范式，则是先有了大量已知的数据，然后通过计算得出之前未知的理论。

（二）大数据对思维方式的影响

维克托·迈尔－舍恩伯格及肯尼斯·库克耶在《大数据时代：生活、工作与思维的大变革》一书中明确指出，大数据时代最大的转变就是思维方式的3种转变：全样而非抽样、效率而非精确、相关而非因果。

1. 全样而非抽样

过去，由于数据存储和处理能力的限制，在科学分析中，通常采用抽样的方法，即从全集数据中抽取一部分样本数据，通过对样本数据的分析来推断全集数据的总体特征。通常，样本数据规模要比全集数据小很多，因此可以在可控的代

价内实现数据分析的目的。现在迎来大数据时代，大数据技术的核心就是海量数据的存储和处理，分布式文件系统和分布式数据库技术理论上提供了近乎无限的数据存储能力，分布式并行编程框架 MapReduce 提供了强大的海量数据并行处理能力。因此，有了大数据技术的支持，科学分析完全可以直接针对全集数据而不是抽样数据，并且可以在短时间内迅速得到分析结果，速度之快超乎想象。

2. 效率而非精确

过去，在科学分析中采用抽样分析方法就必须追求分析方法的精确性，因为抽样分析只是针对部分样本的分析，其分析结果被应用到全集数据以后，误差会被放大，这就意味着抽样分析的微小误差被放大到全集数据以后，可能会变成一个很大的误差。因此，为了保证误差被放大到全集数据时仍然处于可以接受的范围，就必须确保抽样分析结果的精确性。正是由于这个原因，传统的数据分析方法往往更加注重提高算法的精确性，其次才是提高算法效率。现在，大数据时代采用全样分析而不是抽样分析，全样分析结果就不存在误差被放大的问题。因此，追求高精确性已经不是其首要目标；相反，大数据时代具有秒级响应的特征，要求在几秒内就迅速给出针对海量数据的实时分析结果，否则就会丧失数据的价值，因此数据分析的效率成为关注的核心。

3. 相关而非因果

过去，数据分析的目的包括两个方面：一方面是解释事物背后的发展机理，如一个大型超市某地区的连锁店在某个时期内净利润下降很多，这就需要互联网技术（IT）部门对相关销售数据进行详细分析找出发生问题的原因；另一方面是用于预测未来可能发生的事件，如通过实时分析微博数据，当发现人们对雾霾的讨论明显增加时，就可以建议销售部门增加口罩的进货量，因为人们关注雾霾的一个直接结果是购买一个口罩来保护自己的身体健康。不管是出于哪个目的，其实都反映了一种“因果关系”。但是，在大数据时代，因果关系不再那么重要，人们转而追求“相关性”而非“因果性”。

（三）大数据对社会发展的影响

大数据将会对社会发展产生深远的影响，具体表现在以下几个方面。

1. 大数据决策逐渐成为一种新的决策方式

根据数据制定决策，并非大数据时代所特有。从 20 世纪 90 年代开始，数据仓库和商务智能工具就开始大量用于企业决策。发展到今天，数据仓库已经是一个集成的信息存储仓库，既具备批量和周期性的数据加载能力，也具备数据变化的实时探测、传播和加载能力，并能结合历史数据和实时数据实现查询分析和自动规则触发，从而提供对战略决策和战术决策的双重支持。但是，数据仓库以关系数据库为基础，无论是在数据类型方面，还是在数据量方面都存在较大的限制。现在大数据决策可以面向类型繁多、非结构化的海量数据进行决策分析，已经成为受到追捧的全新决策方式。例如，政府部门可以把大数据技术融入“舆情分析”，通过对微博、微信等多种来源数据进行综合分析，厘清或测验信息中本质性的事实和趋势，揭示信息中含有的隐性情报内容，对事物发展做出情报预测，协助实现政府决策，有效应对各种突发事件。

2. 大数据应用有力促进了信息技术与各行业的深度融合

大数据正以其独特的优势，对金融保险、互联网、交通运输、新材料、服务等各个行业的业务进行变革，而随着大数据的积累，这些行业将更快地融入信息技术中，开辟出新的产业发展方向。例如，大数据能够帮助零售商进行准确的目标顾客群定位，帮助企业找到运输费用最小的最优出行路线，为互联网公司精准投放广告出谋划策，以及为电力企业制订配送用电方案，保障电网安全等。可以说，随着大数据的普及，人类社会的生产、生活方式也将发生翻天覆地的变化。

3. 大数据开发大大推动了新技术和新应用不断涌现

新技术不断被开发出来的主要原因是大数据应用的需求。随着不同应用需求的日益增长，各种新型大数据技术将被陆续提出和运用，数据蕴藏的巨大潜力也将持续释放。在不远的将来，原来那些依靠人类自身判断力的领域应用，将逐渐被各种基于大数据的应用所取代。举个例子，目前的车险公司，仅能通过有限的用户资料，对顾客进行简单的分类，并按照顾客的出险次数，给出不同的保费折扣方案，无论顾客选哪一家保险，都不会有太大的区别。

如今车联网发展得日益完善，“汽车大数据”将对车险业务产生深远影响，甚至有可能改变车险企业的商业模式。若一家保险公司能通过预先建立的数学模型，对客户的资信状况做出更精准的判断，为其提供“一对一”的优惠政策，无疑会在市场上形成鲜明的竞争优势，吸引更多的顾客。

四、大数据的应用

目前，“大数据”一词十分火热，然而还是有很多人对大数据的应用模糊不清。现在就通过下面 10 个大数据应用案例来了解最真实的大数据，并了解大数据在生活当中实际应用的情况。

（一）电视媒体

目前存在多个电视频道同时播放上百个体育节目的情况，这使得体育爱好者追踪最新体育赛事变得非常困难。如今，市场上已经出现了一款可以实时跟踪各种体育活动的软件——RUWT，这款软件不仅可以在安卓、iOS 等移动终端上运行，还可以在网络上使用。RUWT 会通过运动数据分析，帮助用户了解他们应该切换到什么频道去看他们感兴趣的节目。此外，该软件还可以根据体育赛事的热度对比赛进行排名，体育爱好者可以根据热度排名选择自己喜爱的体育节目观看。

（二）社交网络

随着移动互联网时代的到来，用户生成内容（UGC）、社交网络（social network）已经普及并深深扎根于人们的心中，用户可以随时随地在网络上共享内容，从而产生了大量的用户数据。面对大数据时代的到来，复杂多变的社交网络实际上具有很大的实用价值。

社交网络生成的用户数据的价值已远远大于平台本身。相对于搜索电子商务等大数据，社交用户行为数据传导路径更短，具有更高的价值。

随着移动互联的发展，各种同质化异化的社交网络平台不断涌现，QQ、微信、新浪微博等虽然都是网络社交平台，但是交流的侧重点又不一样，因此产生了大量的社会学、传播学、行为学、心理学、人类学、舆论学等众多领域的社交数据。各行业的企业都倾注了大量的心血在这些数据中进行挖掘分析，从而更加准确地把握事态的动向，找准营销对象。

在大数据浪潮中，基于社交网络的大数据应用将给企业带来更多利益，推动大数据分析在各行业的应用和推广，给企业和社会带来巨大的价值。同时，深层数据挖掘中最敏感的问题仍然是用户隐私问题。社交网站从诞生之日起就一直伴随着这个问题。随着大数据时代的到来，隐私问题变得越来越重要。在今后挖掘社会数据发展的道路上，一方面要为用户提供更准确、更方便的优质服务，另一方面也要注重对用户隐私的保护。只有满足用户的需求和用户安全的商业利益，才能成为可持续的商业利益。

（三）医疗行业

大数据应用在医疗行业的目的主要是帮助医生预测其即将采取的行动会产生什么样的结果。例如，根据患者的各项数据，如年龄、相对健康状况，在现有条件下进行手术的结果会是怎样的。

“大数据正在帮助我们走向精准医学，努力尝试预测出产生的效果。通过预测结果，我们可以抢占先机。基于测试结果，我们可以在几个月内预测需要进行的大手术。测试结果可能会预示出将可能出现的症状或结果，因此，通过这个预测，我们可以防止这种结果的发生，或者为可能产生的突发状况做好准备，或者及时停止手术。我们不一定要等待正常的事件发生时间然后再来确定它是某一件具体的事情。我们可以提前了解卫生保健中的传统指标。这只有在大数据运算中才有可能预测出来。”① 医疗保健分析工具的提供者 Intenmedix 的首席数据科学家达米安・明格尔（Damian Miguel）说。

Intermedix 的大数据分析高级副总裁贾斯廷・沙佩尔（Justin Schaper）说：“大数据和机器学习技术使得临床环境能够意识到他们通常不会看到的潜在风险因素。在更广泛的层面上，社区或设备层面通过使用机器在数十万名患者中学到的信息，判断某位病人的病情是否严重。在以前，这要在大量的实验室数据基础之上才能完成。” ②

（四）保险行业

保险业本身并不是科技革新的象征，但 MetLife 保险公司却投入了数亿美元来开发一套全新的系统。基于 MongoDB 的应用软件是 MetLife 保险公司研发出的第一款产品，MongoDB 能将所有的客户信息集中在一起。MongoDB 从许多传统系统中收集数据，然后将其整合为一条记录。该系统同时在两大数据中心和多台服务器上同时运行，当前所存储的数据量十分庞大，涵盖了 MetLife 所有的美国客户的信息。虽然 MetLife 保险公司旨在使用多种语言扩展其全球顾客群，但也有可能开发出以顾客为导向的发行版，该版本可以在新用户的资料录入时实时更新。

大部分的疾病是可以用药物治愈的，但如何使医生和患者都能集中精力参与一个能提高患者身体素质的活动，这是一个具有挑战性的课题。美国安泰保险金融集团正在试图利用大数据来实现这一目标，该公司曾从数千名代谢综合征患者中挑选出数百名患者进行实验，以提高对代谢综合征病人的预测能力。在一个独立的实验室内，通过分析患者的一系列代谢综合征的检测试验结果，在连续 3 年内扫描 600 000 个化验结果和 18 万个索赔事件，将最后的结果组成一个高度个性化的治疗方案以评估患者的危险因素和重点治疗方案。这样，医生可以通过建

① 朱二喜，华驰．大数据导论 [M]. 北京：机械工业出版社，2021.

② 王伟军，刘蕤，周光有．大数据分析 [M]. 重庆：重庆大学出版社，2017.

议服用他汀类药物及减重 5 磅（1 磅≈0.454 千克）等建议而减少未来 10 年内 50%的发病率，或者通过患者目前体内高于 20%的含糖量，而建议降低体内甘油三酯总量。

（五）职业篮球赛

职业篮球队会通过搜集大量数据来分析赛事情况，然而他们还在为这些数据的整理和实际意义而发愁。通过分析这些数据，可否找到两三个制胜法宝或至少能保证球队获得高分？ Krossover 公司正致力于此。

在每场比赛过后，教练只需要上传比赛视频。接下来，来自 Krossover 团队的大学生将会对其分解。等到第二天教练再看昨晚的比赛时，只需检查任何想要的数据统计、比赛中的个人表现、比赛反应等。通过分析比赛视频，分析所有可量化的数据。

（六）能源行业

欧洲的智能电网已发展到终端化，开发出智能电表。德国政府还为那些愿意使用太阳能的住户安装了太阳能发电装置。除向住户出售电力外，政府也可以购买家用过剩的太阳能发电。有了智能电网，政府能够以 5～10 分钟的间隔采集电力消耗信息；通过搜集到的信息，政府能够对用户的用电习惯进行预测等。这样，政府就能推算出，在接下来的两三个月内，整个电网的电力需求将会达到什么程度。在这种预测机制下，政府可以从发电商或电力公司那里购买适量的电。由于电力与期货类似，提前买入的价格会更低，而买入现货的价格会更高。因此，运用这一预测机制，可以有效地减少政府采购费用。

维斯塔斯风力系统依靠 Biglnsights 软件和 IBM 超级计算机对气象数据进行分析，找出安装风力涡轮机和整个风电场最佳的地点。利用大数据，以往需要数周的分析工作，现在不足 1 小时便可完成。

（七）社会生活

现在很多人喜欢的智能手环，可以监测人们日常的运动情况、睡眠情况等，并且根据监测结果给出一些改善自身的运动计划、运动模式的建议，这背后其实就是大数据在起作用。这些智能设备上的数据，到后端都会被汇总成为大数据的数据集群，经过分析处理，从而给出相应的建议。

在国外，现在已经有一些科技公司开始把健康水平监测传感器安置在床垫下面，实时监测用户的心率、呼吸速率、运动和睡眠情况等，这些数据将会以无线数据发送的形式传输到用户的手机或平板电脑上，实现对健康状况的监测。

（八）公路交通

只要是在洛杉矶开车的人，都会体会到那种可怕的堵车感受。政府已经在1-10号和1-110号州际公路上修建了一条收费的高速公路。政府可以利用大数据对驾驶员进行指引，确保道路的顺畅。

施乐公司参加了反拥挤项目，使用ExpressLancs、动态定价、费用上升等手段来维护一定的秩序。施乐公司的首席执行长纳塔什·曼尼科特（Natash Mannicott）认为，只要司机肯付钱，他就会以每小时45英里（1英里≈1609.344米）的速度行驶。如果出现了堵塞，私人轿车的收费就会提高，这样就会让这些人不能随意进出，而把通道留给公交车。

施乐公司在洛杉矶还有一个叫作ExpressPark的项目，它的目的就是告诉人们什么时候该搬离自己的家、哪里可以找到停车位，以及停车位的数量和费用。项目的研究目标是保证停车场收费合理，并且保证车位信息能够及时传递给使用者。举例来说，使用者停车地点应在40分钟前通知。

（九）汽车制造

一提到汽车的生产流程，大部分人会想到各种各样的组装生产线和机械。但对于福特汽车公司来说，在产品的研究、开发、设计等阶段，大数据对整车的零部件及性能都有很大的影响。

举个例子，福特汽车公司的产品研发小组就曾考虑过运动型多用途汽车（SUV）到底是采用掀背式，还是电动式。如果是电动式，车门就会自动打开，但是这样做也有局限性。福特汽车公司在之前的常规问卷调查中，并没有注意到这个问题，但是经过对社会媒体的跟踪与分析，却发现有许多人在讨论这个问题。

（十）零售业

“我们的某个客户是一家领先的专业时装零售商，通过当地的百货商店、网络及其邮购目录业务为客户提供服务。公司希望向客户提供差异化服务，如何定位公司的差异化，他们通过从Twiter上收集社交信息，更深入地理解化妆品的营销模式，随后他们认识到必须保留两类有价值的客户：高消费者和高影响者。希望通过免费化妆服务让用户进行口碑宣传，这是交易数据与交互数据的完美结合，为业务挑战提供了解决方案。”[①]Infommatica的技术帮助这家零售商用社交平

① 刘帆，陈大立．数据驱动的零售业管理研究[M]．北京：中国建材工业出版社，2019.

台上的数据充实了客户主数据，使其业务服务更具有目标性。

零售商也会在店内安装监控视频，通过观看视频资料了解顾客在店内的走动情况及顾客对商品的选择情况。综合分析视频资料与顾客的消费情况，对销售产品类型、商品摆放方式和商品售价提出建议，这种方式已经帮助一些领先的零售企业解决了大量的库存，并提高了高利润的自有品牌产品的比重。

第二节 电子商务概述

一、电子商务的概念

电子商务是分属不同的交易主体通过电子商务平台达成交易，进行电子支付结算，并通过物流及异地仓储送达商品完成交易的一种商业活动。电子商务的概念有狭义和广义之分。

狭义的电子商务可以理解为跨区域零售，是指分属不同区域的交易主体通过网络完成交易，进行电子支付结算，并利用邮政快递、商业快递和专线物流等跨区域物流方式将商品送达消费者手中的商业活动。

广义的电子商务可以理解为“传统外贸＋互联网”，是指分属不同区域的交易主体利用网络将传统外贸中的展示、洽谈及成交等环节电子化，并借助跨区域物流方式运送商品完成交易的一种商业活动。

二、电子商务的特点

在大数据的基础上，电子商务与传统商务相比具有明显的特征，主要表现为以下几个方面。

（一）交易虚拟化

电子商务通过互联网开展贸易，参与贸易的各方从贸易磋商、签订合同到资金支付等都无须当面进行，整个交易完全虚拟化。对卖方来说，可以通过建设自己的网站或大型网络交易平台，将产品信息发布到互联网上。对买方来说，通过网络找到自己需要的产品，买卖双方通过网上洽谈，签订电子合同，完成交易并进行电子支付。

（二）交易成本低

（1）距离越远，网络上进行信息传递的成本相对信件、电话、传真等而言就越低。

（2）买卖双方通过网络进行商务活动，无须中介参与，减少了交易环节。

（3）电子商务实行“无纸化贸易”，可减少文件处理费用。

（4）企业利用内部网络可实现“无纸化办公”，提高内部信息传递的效率，节省时间，并降低管理成本。另外，在大数据的基础上，企业通过互联网可把总部、代理商，以及分布在各地的子公司、分公司联系在一起，及时对各地市场做出反应，及时生产、及时销售，降低库存，采用高效快捷的配送公司提供交货服务，从而降低产品成本。

（5）卖方可通过网络进行产品宣传，省去了在传统方式下的广告费用。

（三）交易效率高

在大数据的基础上，互联网将贸易中的商业报文标准化，使商业报文能在各地瞬间完成传递与计算机自动处理，原材料采购、产品生产、需求与销售、银行汇兑、保险、货物托运及申报等过程无须人员干预，能在最短时间内完成，交易效率非常高。

（四）交易透明化

买卖双方从交易洽谈、签约、货款的支付到交货都在网络上进行。在大数据时代，通畅、快捷的信息传输可以保证各种信息之间互相核对，可以防止伪造信息的流通。同样，在典型的许可证电子数据交换（EDI）系统中，由于加强了发证单位和验证单位的通信、核对，所以假的许可证就不易漏网。海关 EDI 也帮助杜绝边境的假出口、兜圈子、骗退税等违法行径。

三、传统商务与电子商务的关系

传统商务和电子商务是商业领域中两种不同的商务模式。传统商务是指基于传统渠道和方式进行商业活动的商务模式，电子商务则是在互联网和信息技术的支持下开展的商业活动。以下将探讨传统商务和电子商务之间的联系和区别。

（一）传统商务和电子商务的联系

传统商务和电子商务有以下几个方面的联系。

1. 商业目标

传统商务和电子商务的共同目标是实现盈利，促进商品和服务的交换。无论是传统商务还是电子商务，都是为了满足消费者的需求，提供产品和服务。

2. 商品交换

传统商务和电子商务都是通过交换商品和服务来实现盈利。两者都依赖供应链和物流管理来确保产品的生产、分销和销售。

3. 客户关系

无论是传统商务还是电子商务，都需要建立和维护良好的客户关系。良好的客户关系对于经营和发展都起着重要的作用。

4. 营销和广告

传统商务和电子商务都需要进行市场营销和广告推广。传统商务借助传统媒体和渠道来宣传和推广产品，电子商务可以通过互联网广告、社交媒体及搜索引擎优化等方式来吸引客户。

5. 法律和伦理

传统商务和电子商务都需要遵守相关的法律法规和伦理规范。无论是在线交易还是线下交易，都需要保护客户的隐私和个人信息，确保交易的安全和公平性。

（二）传统商务和电子商务的区别

尽管传统商务和电子商务存在一些联系，但它们也有一些明显的区别。

1. 渠道和方式

传统商务是通过实体店铺、邮购和电话销售等方式进行交易，电子商务则是通过互联网进行交易。电子商务可以实现在线购物、在线支付、物流配送等一系列线上交易的方式，消费者可以随时随地进行购物。

2. 成本和效率

与传统商务相比，电子商务具有更低的成本和更高的效率。电子商务可以减少人力资源和物理资源的浪费，提高交易的效率和灵活性。

3. 全球化

电子商务具有无国界的特点，可以实现全球范围内的交易。传统商务受限于地理位置和物理渠道，难以实现全球化。

4. 交互和个性化

电子商务提供了更多的交互和个性化服务。消费者可以通过在线聊天、评价和推荐系统等与商家进行实时互动，个性化的推荐也能更好地满足消费者的需求。

5. 竞争和创新

电子商务的竞争更为激烈，创新更为迅速。传统商务由于受限于实体渠道和市场规模，竞争和创新的空间有限。

传统商务和电子商务在商业模式、渠道、成本效益、全球范围、个性化等方面存在明显的联系和区别。随着互联网的迅速发展和技术的不断创新，电子商务将在未来继续发挥重要的作用，但传统商务依然在某些行业和地区具有一定的影响力。商家应根据自身的情况和市场需求，灵活运用传统商务和电子商务的优势，实现可持续的商业发展。

四、电子商务的优势与劣势

（一）电子商务的优势

企业对电子商务感兴趣的理由非常简单，就是电子商务可以为企业带来利润。对企业来说，电子商务较传统商务的优势可以概括成一句话，那就是电子商务可以增加销售额并降低成本。具体来说：第一，电子商务可以增加卖方的销售机会。企业可以通过网络找到许多新的贸易伙伴，减少交易环节，增加交易机会，降低交易成本。第二，电子商务可以增加买方的购买机会。与传统商务相比，电子商务给买方提供了更多的选择，因为买方可以考虑更多的产品和服务。第三，电子商务可以 24 小时提供交易机会，而且不受交易地点的限制。第四，电子商务可以惠及整个社会。互联网可以安全、迅速、低成本地实现税收、退休金和社会福利金的电子支付。另外，由于电子商务可以让人们在家工作，交通拥挤和环境污染也可以得到缓解。

（二）电子商务的劣势

①由于现有技术和软件方面的问题，有些业务也许永远不能使用电子商务。

②对电子商务进行投资时，其收益是很难计算的，所以实施电子商务的成本和收益也很难精确计算。

③很多企业在实施电子商务时，还会遇到文化和法律上的障碍。一些消费者不愿意在互联网上发送信用卡账号，还有些消费者不愿改变购物习惯，宁愿到商场亲自购物。另外，电子商务所面临的法律环境也充满了相互抵触和冲突的问题，很多情况下，立法跟不上技术的发展。

④互联网正在把世界各地的人连在一起，因此也带来了国际电子商务。但是，世界各国的政治结构还跟不上互联网技术的发展，所以国际化的电子商务还面临着许多挑战。

五、电子商务的分类

（一）按照交易对象分类

1. 企业与消费者之间的电子商务

企业与消费者之间的电子商务，即 B2C 电子商务。它类似于联机服务中进行的商品买卖，是利用计算机网络使消费者直接参与经济活动的高级形式。这种形式随着网络的普及迅速地发展，现已形成大量的网络商业中心，提供各种商品和服务。

2. 企业与企业之间的电子商务

企业与企业之间的电子商务，即 B2B 电子商务。B2B 电子商务模式可分为两种形式，一种是特定企业间的，一种是非特定企业间的。特定企业指的是已经建立了牢固的交易关系，未来一定会持续交易的企业。特定企业间的电子商务是指这些拥有牢固交易关系的企业基于共同的利益目标，一起设计、研发或进行的商务贸易。企业可以通过网络向供应商订购产品、收取发票、支付货款。

非特定企业间的电子商务是指企业间一开始并没有固定的交易关系，企业出于完成交易的目的在网络上寻找最佳的合作伙伴，并与合作伙伴共同完成全部的交易行为。这里所说的非特定企业其实也限制在需要订购特定商品的企业或特属于某一行业的企业，但是，与特定企业间的电子商务不同，非特定企业的交易不是固定的、持续的。B2B 在电子商务领域已有很多年的运营经验，而且被广泛应用，特别是通过专用网络或增值网络（VAN）运行的 EDI。

按照网站交易模式的不同，B2B 电子商务还可以分为水平网站和垂直网站。水平网站将买方和卖方集中到一个市场上来进行信息交流、发布广告、拍卖竞标、交易、库存管理等。此类网站也可视为各大企业内部采购部门的延伸，其主要客户一般是大型企业。“水平”主要是指这种网站的行业范围广，很多行业可以在同一个网站上进行贸易活动。垂直网站是将特定产业的上下游厂商聚集在一起，让各阶层的厂商都能很容易地找到物料供应商或买主。美国由三大汽车制造商所形成的汽车零件交易网便是一种垂直市场。之所以称之为“垂直”网站，是因为这些网站的专业性很强，它们将自己定位在一个特定的专业领域内，并且沟通上下游生产企业。

3. 企业与政府之间的电子商务

企业与政府之间的电子商务，即 B2G 电子商务。这种商务活动覆盖企业与政府组织间的各项事务。政府采购清单可以通过互联网发布，公司可以电子化方式回应。同样，在企业税款的征收上，政府也可以通过电子交换方式来完成。美国政府已经从 1997 年 1 月起通过 EDI 完成政府年度采购任务，并于 1999 年最终取消了纸面单证。

通过上述 3 种电子商务的基本形式，可以产生出若干种派生形式，如消费者与企业之间的电子商务（C2B）、消费者与消费者之间的电子商务（C2C）、政府与企业之间的电子商务（G2B）等。

（二）按照商务活动形式分类

按照商务活动形式分类，电子商务主要包括两类商业活动：一是间接电子商务——有形货物的电子订货，它仍然需要利用传统渠道（如邮政服务和商业快递）送货或实地交割（如房地产产品）；二是直接电子商务——无形货物和服务的网上交易，包括计算机软件、娱乐内容的联机订购、付款和交付，也包括金融产品、旅游产品的网上交易，或者是全球规模的信息服务。直接和间接电子商务均提供特有的机会，同一公司往往二者兼营。间接电子商务要依靠一些外部要素，如供应链、配送系统等。直接电子商务能够使双方越过地理界线直接进行交易，充分挖掘全球市场的潜力。

（三）按照服务行业类型分类

按照服务行业类型分类，电子商务可以分为若干不同的类型，如金融电子商务、旅游电子商务、娱乐（包括游戏）电子商务、房地产电子商务、交通运输电子商务、医药卫生电子商务等。相对于其他电子商务形式，这些类型的电子商务具有非常现实的盈利点。因为它们主要都是提供信息服务，而较少涉及实物运输，不需要用很大精力解决复杂的物流配送问题。它们可以采用 B2C、B2B、C2B、C2C 等多种形式，具有用户范围广、营运成本低、无时空限制及能同用户直接交流等特点。

六、我国电子商务的发展

在大数据的基础上，纵观电子商务发展历程，可以将其划分为 3 个发展时期。

（一）初创期（1997—2002 年）

虽然互联网是从国外传入中国的，但是人们依然对它充满了好奇。由于美国互联网蓬勃发展，促使中国互联网也开始发展，阿里巴巴、当当网这些知名的电子商务网站，都在短短数年内，迅速成长。但是，在此期间，由于我国的信息化发展程度还比较低，公众对电子商务的认识还不够深入，再加上随后出现的网络泡沫等原因，大部分的电子商务网站陷入了困境。但是，这一阶段的经验，也为我们国家发展电子商务奠定了良好的基础，创造了良好的舆论环境。

（二）快速发展期（2003—2007 年）

在这个阶段，我国的电子商务遇到了前所未有的发展契机，一些基础设施的建立和相关政策的颁布都有力地保障了我国电子商务的发展。阿里巴巴首先建立了淘宝网，之后又推出了“支付宝”。同时，政府还采取了一系列有效措施来推动电子商务的发展，《国务院办公厅关于加快电子商务发展的若干意见》《电子商务发展“十一五”规划》等接连落地，从政策层面为电子商务的发展指明了方向。

（三）创新发展期（2008 年至今）

虽然从 2008 年开始出现金融危机，但是我国的电子商务仍保持高速发展。在这一时期，我国电子商务的网络交易模式已经展现出中国特色，互联网用户的人数和物流业都在迅速发展，电子商务企业之间的竞争日趋激烈，平台化的态势已经出现。

当前，我国电子商务发展正在进入密集创新和快速扩张的新阶段，日益成为拉动我国消费需求、促进传统产业升级、发展现代服务业的重要引擎。我国电子商务的发展现状具有以下几个特点。

1. 发展迅速，潜力巨大

在大数据的基础上，我国近年来的电子商务交易额增长率一直保持快速增长势头。特别是网络零售市场更是发展迅速，让人们看到了我国网络零售市场发展的巨大潜力。毫无疑问，电子商务正在成为国民经济快速可持续增长的重要动力和引擎。

2. 企业、行业信息化快速发展

近几年来，随着我国信息化与工业化的结合，国内的服务业和相关行业都在加快信息化建设，对电子商务应用的要求也越来越高。许多传统行业在进行电子商务的实践中取得了不错的成果。农村信息化建设成效显著，电子商务运用方式的创新、乡村淘宝店铺的出现、部分乡村根据自己的资源和市场优势，发展具有地方特色的电子商务，这些都是农村信息化的表现。传统的零售业也开始进入电子商务领域。邮政、旅游、保险等行业也纷纷依托现有的信息系统，把发展重点放在了电子商务上。

3. 业态体系逐渐完善

对我国电子商务市场现状进行分析，可以看出，近几年来，我国电子商务的

发展呈现出新的态势。一是发展模式发生了变化。近几年来，B2B 和 B2C 的融合日趋完善，已经从一个信息平台变成了一个交易平台。二是电子商务平台化的发展趋势越来越明显。其主要有 3 种情形：第一种是综合型平台，其特征是品类覆盖全面；第二种是垂直型平台，其特征是对市场进行了细分；第三种是第三方平台，其由大型自营商业网站转变而来。三是各大平台间的竞争日趋激烈，市场集中度越来越高。第一梯队的大型电子商务平台有京东、拼多多、淘宝，这 3 个平台已经和其他中小电子商务企业拉开了距离。

支持性电子商务服务近几年来也发生了很大变化。例如，在各个领域的作用越来越明显，分工局面高度集中；快速应用最新信息技术，物联网的不断发展，大数据技术的出现，使得数据挖掘逐步展现出它的精确营销能力，电子商务平台的功能越来越完善。在辅助性电子商务服务中，网店经营和外包、网络议价、网络模特等新兴服务业也应运而生。

4. 跨境电子交易获得快速发展

我国中小外贸企业跨境电子商务近年来保持了 30%的年均增速。有关部门正加紧完善促进跨境网上交易对平台、物流、支付结算等方面的配套政策措施，促进跨境电子商务模式不断创新，出现了一站式推广、平台化运营、网络购物业务与会展相结合等模式，使得更多中国制造产品得以通过在线外贸平台走向国外市场，有力推动了跨境电子商务纵深发展。

另外，电子商务大环境也在不断好转。在各种交易活动中，电子商务出现的频率越来越高，人们对电子商务也越来越熟悉。各部门已经初步形成了一个协同推进电子商务发展的计划，出台了一系列关于网络购物、电子认证等方面的政策和法规，为营造一个良好的电子商务发展环境做好准备。

七、大数据对电子商务的影响

大数据是一种多元化、高增长、海量的信息资产。从技术的角度来看，大数据可以利用 MPP、Hadoop 等计算框架，建立大数据处理系统，深入挖掘数据所蕴含的价值，从而为传统行业提供风险辨识和智能分析功能。大数据有着动态分布、可视化及自我学习的特征，经历了“大数据平台”“规范分析”与“数据智能化挖掘”几个阶段，使图像识别、数据安全、人工智能、无人机、虚拟化应用、云计算变得更具现实性，为人们的工作和生活带来了显著影响。近年来，我国加大了研发 IT 基础硬件的力度，我国大数据应用的发展速度也有所加快。在 3G 普及的时代，我们使用手机数据流量时需要注意流量消耗，而实时视频通话更是会消耗许多流量。如今5G时代已经到来，国内领先的IT企业，如华为、小米等公司，持续推出颠覆性的新技术和产品，引发全球瞩目。

大数据处理技术具有精准、处理速度快和成本低廉的优势，可以生成更为细致的用户画像，对现有产业模式产生了巨大影响。目前，大数据技术以发展智能化数据挖掘技术为主，这可能会对经济发展和产业变革产生重大影响。大数据商业模式将会变得更加普遍。电子商务是一种新型的交易方式，其融合了互联网技术和数据技术，使服务品质更上一层楼，实现各种交易主体之间的交易流程。

（一）优化客户购物体验

与大数据技术相比，传统的数据技术未能充分保留用户数据，数据分析和处理耗时较长，企业的商业潜力未得到充分挖掘。通过应用大数据技术，电子商务企业能够存储和处理大量数据，并通过数据分析发掘商业机会，搜寻目标消费群体。eBay是一家在早期就开始应用大数据技术的电子商务公司，其平台每时每刻都有大量交易活动发生。为了提升用户体验，eBay会利用大数据技术分析交易活动，进而重新设计网页。大数据可以存储所有数据并扩展数据分析对象范围，使得测试效率得到显著提升。

（二）提供商品保真溯源服务

在电子商务的发展过程中，以次充好和假冒伪劣现象时有发生，要想解决这些问题，可以引入大数据和区块链技术。区块链应用了加密算法、共识机制、分布式数据存储等新型技术，将产品在“生产”“运输”等各个环节的信息汇总起来，然后加密传输到系统中，使产品交易更真实、可靠。一些网络电子商务交易网站在构建防伪追溯系统时使用了区块链技术，这样一来，消费者就可以借助大数据，全面追踪商品的生产和销售情况，保护了自己的合法权益。

（三）提升企业决策效率

利用大数据技术分析消费者的购买时间、购买量、购买喜好等信息，可以深入了解消费者的消费需求，为消费者提供个性化选择。大数据有助于电子商务企业制订营销计划。例如，某电子商务平台国际站通过认知计算、大数据平台提升了用户筛选精度，实现了“交易大数据”与“外贸生态圈”的有序融合，提高了企业营销决策的质量。目前，各大企业正在积极探索如何充分利用大数据，这是未来企业发展的一个趋势。

第三节　大数据在电子商务中的应用与发展趋势

一、大数据在电子商务中的应用

近年来，大数据和电子商务结合发展受到了广泛关注，目前大数据已广泛应用于电子商务行业的产品选择、决策制定、精准营销及建立信用体系等方面，并且应用效果非常显著。从数据管理、深度分析到策略与自动化，大数据可助力电子商务企业建立从理论到实践落地的“数据驱动增长体系”，真正实现数字化升级。在未来，需要进一步开发大数据的商业潜力，以更好地支持电子商务的发展。

（一）调查目标市场

电子商务企业应该考虑到各国家和地区居民的购物习惯和消费行为，以便深入分析消费者的偏好。充分利用大量数据信息进行分析可以促进电子商务的发展。在目标市场调查中，回购率、点击量、转化率和商品评价是重要的分析指标，分析这些指标可以了解消费者的购物习惯。利用数据挖掘技术收集消费数据和消费数据，通过技术分析在互联网平台上推广畅销商品，大数据技术可以有效提高目标市场调查的效率。通过收集消费者搜索、购买和比较数据，建立消费者信息数据库，并利用软件分析消费者行为及数据之间的关联，企业可以更好地进行产品设计、包装和营销策略。

（二）精准选择产品

电子商务是基于互联网技术发展起来的，涵盖了丰富的数据资源，包括商品信息、商品销售数据、消费数据等。电子商务企业可以利用大数据技术，分析商品的点击率、回购率及商品评价信息等，预测潜在热门产品，为企业选择最合适的商品提供科学依据。亚马逊平台开发了 BigTraeker 数据分析工具，这款工具可以帮助卖家选出爆款产品。通过该工具，卖家可以输入关键词，随后即可查看产品的平均价格、销售量等关键信息。通过分析消费者的购买记录，为每位买家创建个人档案，在研究和分析消费者消费习惯的基础上，卖家能够更准确地推荐产品，提高销售的成功率。

（三）优化内部管理

电子商务企业可以利用大数据进行精细化分析和营销，根据市场需求调整企业内部管理方式。实践表明，大数据技术在人才管理方面具有独特优势，能够显著提高人才管理的质量和效率。

（四）改革电子商务配送

国际物流、海外仓储、邮政小包和物流联盟是电子商务配送商品的四种渠道，在这些渠道中，物流联盟是比较普遍的。只有一些实力雄厚、大数据技术优越的大型企业才会使用海外仓储的配送方式。以亚马逊为例，它已经在世界范围内设立了大量的物流中心，并且使用大数据来预测货物的运输。当顾客下订单后，系统即会将货品发送至物流中心，从而大大减少顾客的等候时间。因此，越来越多有实力的电子商务公司会在国外设立仓库。应用聚类分析、关联分析等技术，能够满足商品关联分析、物流客户关系分析的要求。该技术的应用不仅降低了企业的经营成本，还提高了物流运送的效率。

（五）发挥品牌效应

借助大数据，电子商务企业可以识别用户的多种需求，并确定他们的个人资料和身份信息，从多个方面、多种层次建立用户档案，获取用户兴趣、年龄分布、热门产品、产品类别等方面的信息。透过详细数据分析，可以获得竞争品牌的信息，从而制定有效的营销策略。另外，在业务监控方面，电子商务企业可以运用大数据技术，找出异动业务，提升用户体验。大数据技术可以帮助电子商务企业减少经营风险，制定趋势性战略规划，提升品牌影响力，吸引消费者并促进销售。

（六）建立数字化有效链接

1. 交易触点

所有的商家，不管是线上的还是线下的，他们的品牌都已经实现了全渠道的交易功能。在与消费者直接接触、充分交流后，才能将商品与服务交付给消费者。电子商务平台在完成交易后，可以与消费者建立长久的交流渠道，并精确地了解他们的购买习惯、频率、购买渠道偏好等。

2. 电子商务平台

东南亚地区的主流电子商务平台有 Shopee、Lazada 等，其中某些品类的电子商务平台的销售份额已经达到 50% 以上。但是，Shopee 和 Lazada 既是一种网络销售平台，也是一种高度数字化的互动平台，商家和消费者可以在 Shopee 和 Lazada 平台上交流。大部分商家会利用电子商务平台为消费者提供营销服务（如鼓励消费者开通店铺会员），这是帮助品牌与消费者建立数字化连接，长期保持互动的有力措施。

3. 官网、App和小程序

品牌商家既可以在电子商务平台、社交平台销售商品，也可以自建本品牌的官网、客户端和小程序，利用自己开发的渠道销售商品。通过品牌自建的销售渠道（如官方网站、App、小程序等），对每个消费者进行数据监测。品牌可以利用消费者的注册信息，对消费者的身份进行确认，并建立交流关系。

4. 商品触点

实际上，商品本身就是非常重要的线下触点。电子商务品牌可以在自家商品的包装上贴上二维码，建立互动入口，这样做可以与消费者建立数字化联系，并便于收集消费者的消费数据。建立商品触点的常见方式有促销目的的一物一码，以及溯源和防伪目的的一物一码。

5. 线上线下活动

每一个知名品牌都会不定期举办各种营销活动，这些营销活动包括线上营销活动和线下营销活动，目的是与顾客（潜在顾客）建立直接联系。为了与参加活动的顾客建立联系及收集顾客的个人信息，企业需要建立一个数据管理系统，并搜集相关的资料，同时对一些线下营销活动进行优化，可以增加一些互动环节。

6. 客服

消费者可以利用品牌官网、微信小程序、电子商务平台与品牌取得联系，咨询相关问题或获取售后服务等。对于一个品牌来说，线上客服至关重要，电子商务品牌一定要建立全渠道的客服体系，以便与消费者建立互动关系，了解消费者的消费行为，为消费者提供最优质的服务。

（七）进行管理和加工

1. 全渠道身份识别与自动合并

同一个消费者通常会使用手机号、用户名、微信号、QQ号在不同平台注册不同的身份ID，从多种渠道与品牌取得联系。因此，品牌进行数据整合的首要任务就是对用户在各渠道的身份进行自动识别与管理，然后对跨渠道ID进行数据合并，从而构建全渠道的用户档案。

2. 客户生命周期模型

每一个客户与品牌之间，都会经历从认识、了解、被吸引到购买使用，最后到忠诚或流失这样一个过程，这是一个完整的生命周期。在与客户建立数字化互动关系的基础上，品牌应构建一个与自身实际情况相契合的客户生命周期模型，根据对客户的了解，确定客户处于生命周期的哪个阶段。

3. 渐进式画像

品牌利用互联网不断地与消费者进行交流，从而全面、深刻地了解每一位顾客。了解的过程是循序渐进的，逐渐了解客户的过程就是所谓的“渐进式画像”。品牌需要利用大数据技术建立一个可以实现自动画像的数据平台，这样就可以随时随地地从不同渠道收集到顾客的点滴信息。随着信息的不断积累，每一个顾客的画像都渐渐清晰。

4. 标签体系

消费者在网络上的各种行为是庞大的原始数据的来源，而这些未经处理的原始数据对营销活动毫无指导意义。因此，需要从这些原始数据中提取出“特征”数据，也就是“标签体系”。建立标签体系的过程实际上也是一个运营的过程，可以先建立基础标签库，然后在市场推广的过程中，根据企业的实际需要及数据的特点对标签进行添加和调整。

5. 符合行业特征的数据挖掘

经过数据收集、数据整理、数据合并等环节后，接下来就可以进入数据挖掘环节，这是数据转化为信息的全过程。各行业对数据洞察的要求不尽相同，所以在数据挖掘阶段，必须设计出与行业特点相适应的模型与算法。例如，零售行业应考虑消费者的品类偏好、风格偏好设计模型；B2B 行业对潜在客户的意向度分值进行测算。

6. 第一方数据与第二、三方数据结合

第一方数据是指品牌从自有渠道或触点获取的数据；第二方数据是指品牌从天猫、京东等品牌旗舰店中获取的数据；第三方数据是指品牌从其他平台上获取的数据。品牌除了要分析第一方数据，还要整合第二方数据。另外，某些平台提供的第三方数据有限，企业需要将其与第一方数据进行交叉匹配，获得新的数据价值。

（八）进行分析与洞察

1. 最小颗粒度的洞察——客户 360° 画像

每一位顾客都是独特的。若细心观察，就会发现每位顾客都有各自的特点。客户的基础档案、特征标签及消费行为这些数据都非常重要，它们共同组成了客户 360° 画像。

2. 人群细分

对每一个客户进行数据洞察的目的并不是要在营销过程中对每一个顾客进行区分，而是对每个“相似”的人组成的群体进行区分，这就需要品牌对群体进行细分，有相似特征的人可以细分为一个群体。将顾客细分为若干个不同的类别，是精准营销的目的，也是客户特征分析的颗粒度。对产品进行特定的细分，是对产品进行剖析和精确营销的前提。

3. 人群特征分析

人群特征分析可以帮助品牌回答如下的问题：不同特征维度（如人口属性、消费习惯、会员等级）的人群分布和数量，在一定时间段内符合特定特征的人数变化。

4. 消费行为特征分析

消费行为是客户用“钱”表达出来的意愿，因此展现的客户特征更加真实可信，在数据分析中有更高的权重。通过对消费行为数据进行分析，品牌可以了解客户的购买力、购买习惯（可分别从时间、场所和渠道角度）、商品或服务的偏好（品牌、品类、款式风格等）。结合特定的数据挖掘模型，品牌还可以基于历史消费行为预测未来消费的可能性。

5. 非消费行为特征分析

消费行为数据含金量很高，但量级远低于非消费行为数据。当具备了收集和整理非消费行为数据的能力后，品牌需要对积累的大量数据进行分类、加工和分析，形成客户洞察。这些洞察可更好地优化引导到消费转化的策略，或者把相同人群的消费和非消费特征进行比较，以形成新的洞察（如发现高潜力的高消费人群）。

6. 组合分析

在具备数据和不同维度的分析工具后，品牌需进一步将不同维度的分析结果进行组合，以产生新的洞察。例如，分析不同人群的同维度分析结果，找出人群差异或行为表现和人群特征的关系。

二、大数据在电子商务中的发展趋势

（一）人工智能与大数据的融合

人工智能技术的发展，使得机器可以更好地理解和处理海量数据，从而实现更精准的数据分析和预测。在未来，人工智能将与大数据更加紧密地结合，为企业提供更加智能化的数据分析服务。例如，通过对用户行为数据的分析，人工智能可以预测用户的购物需求，从而为用户提供更加个性化的推荐服务。此外，人工智能还可以帮助电子商务企业优化库存管理、物流调度等方面的运营效率。

（二）实现个性化推荐

大数据可以帮助电子商务平台实现个性化推荐。通过对用户行为数据的分析，平台可以挖掘出用户的兴趣偏好、购买习惯等信息，从而实现针对不同用户的个性化推荐。此外，通过对用户地理位置、时间等数据的分析，电子商务平台还可以为用户提供更加精准的营销活动，提高营销效果。

（三）供应链优化与物流升级

大数据可以帮助电子商务企业实现供应链的优化和物流的升级。通过对历史销售数据的分析，电子商务平台可以预测未来的销售趋势，从而提前进行生产和库存规划。此外，通过对物流数据的分析，电子商务平台可以优化物流路线、提高配送效率，降低物流成本。

（四）风险控制与反欺诈

大数据在电子商务行业的应用不仅体现在数据分析方面，还可以帮助电子商务企业进行风险控制和反欺诈。通过对用户行为数据、交易数据等进行分析，电子商务平台可以识别出异常交易、恶意刷单等风险行为，从而采取相应的措施进行防范。此外，通过对用户信息、交易记录等数据的分析，电子商务平台还可以发现潜在的欺诈行为，保护用户权益。

（五）新兴市场的拓展

随着“一带一路”倡议的推进，中国电子商务企业已经开始将业务拓展到海外市场。在这个过程中，大数据将发挥重要作用。通过对不同国家和地区的市场数据进行分析，电子商务企业可以更好地了解目标市场的需求和特点，制定合适的市场策略。此外，通过对竞争对手的数据进行分析，电子商务企业还可以找到市场空白和竞争优势，实现业务的快速扩张。

总之，大数据将在电子商务行业发展中发挥越来越重要的作用。通过人工智能与大数据的融合、精准营销与个性化推荐、供应链优化与物流升级、风险控制与反欺诈及新兴市场的拓展等方面的发展，电子商务行业将迎来更加繁荣的未来。

第二章　基于大数据的电子商务技术发展

本章为基于大数据的电子商务技术发展，共分为 4 节，分别是电子商务的技术框架、网络技术、多媒体技术、大数据新技术。在大数据的基础上，电子商务技术得到了快速发展。

第一节　电子商务的技术框架

电子商务的技术框架是指电子商务活动环境中所涉及的各个领域及实现电子商务应具备的技术保证，是从技术角度对电子商务的概括，是电子商务实施的技术保证。电子商务的技术框架主要包括网络层、发布层、传输层、服务层和应用层。

一、网络层

网络层是电子商务的底层硬件基础设施，是信息传输的基本保证。在现有技术的基础上，网络层主要包括远程通信网（telecom）、有线电视网（cable TV）、无线通信网（wireless）和计算机网络。远程通信网包括电话、电报，无线通信网包括移动通信和卫星网，计算机网络则包括 Intranet、Extranet 和 Internet。目前，这些网络基本上是独立的，但“多网合一”是大数据时代发展的趋势，各种信息传输途径将实现真正意义上的整合。在各类信息传输的通信网络中，计算机网络是大数据时代电子商务发展最重要的通信手段，而其中最关键的则是 Internet。可以说，Internet 的产生和发展推动了电子商务的大规模发展。

二、发布层

从技术角度而言，电子商务系统的整个过程就是围绕信息的发布和传输进行的，它完全依赖信息技术对大数据信息流动的控制。发布层位于网络层的上面，主要解决数据信息从机读到人读的“翻译”问题。各种数据信息主要以文字、图形、图像、声音、视频等形式体现。对于计算机而言，它们都可以转化成 0 或 1

代码，在本质上没有区别。

目前，常用的网络信息发布方式是超文本标记语言（HTML）格式，在其基础上发展起来的可扩展标记语言（XML）是一种描述标记语言的元语言，使用者在其基础上建构自己的标记语言的定义工具 XML 提供了一个坚定的共同平台，让不同平台或受系统限制的软件能够彼此相互沟通。这种通用的、弹性的、可扩展的方法，开启了 XML 无可限制的使用范围，从文字处理、电子商务到数据备份储存，XML 的影响力巨大。ebXML 是在 XML 基础上发展起来的一种专门应用于电子商务领域的标记语言。Java 则是一种程序设计语言，通过程序运行的角度解决多媒体信息的发布。应用 Java 可以更方便地使这些传播适用于各种网络（有线、无线、光纤、卫星通信等）、各种设备（各种大中型计算机、无线接收设备等）、各种操作系统（Windows、Linux、UNIX 等）及各种界面（字符界面、图形界面、虚拟现实等）。

三、传输层

传输层是对发布信息的传递，主要有两种方式：一种是非格式化的数据传输，如我们用电子邮件（E-Mail）传输的消息，它主要是面向人的；另一种是格式化的数据传输，EDI 就是这种传输方式的典型代表，它的传递和处理过程是面向机器的，不需要人的干涉，电子商务的订单、发票、装运单等都比较适合这种方式的数据传输。超文本传输协议（HTTP）是 Internet 上十分常用的协议，它以统一的显示方式，在多种环境下显示非格式化的多媒体信息。人们可以在各种终端和操作系统下通过使用 HTTP 协议的浏览器软件，根据统一资源定位器（URL）找到需要的信息。

四、服务层

服务层为方便网上交易提供通用的业务服务，是企业、个人从事电子商务活动都会使用的服务。它主要包括安全认证、电子支付等。数字化信息在大数据环境下的传递和传统信息传递有所不同。数字化信息容易被不留痕迹地篡改，在传输的过程中也容易丢失，并且一旦发生冲突，要想寻找相应的证据并不容易。因此，通过网络进行的消息传播要适合电子商务的业务，需要确保安全和提供认证，使得传递的消息是可靠的、不可篡改的、不可抵赖的，并在有争议的时候能够提供适当的证据。此过程通常是由专门的安全认证机构通过一定的算法来解决的。

交易活动的最终完成必然有资金的支付。在大数据环境下，电子商务的支付活动是以电子支付的形式实现的。购买者发出一笔电子付款（以电子信用卡、电子支票或电子现金的形式），并随之发出一个付款通知给卖方，卖方通过中介的验证获得付款。为了保证网上支付是安全的，就必须保证交易是保密的、真实的、完整的和不可抵赖的，目前的做法是用交易各方的电子证书（即电子身份证明）来提供端到端的安全保障。

五、应用层

大数据时代，在基础通信设施、多媒体信息发布、信息传输及各种相关服务的基础上，人们可以进行供应链管理、企业资源计划、客户关系管理等实际应用，以及在此基础上开展企业的知识管理、竞争情报活动。企业的供应商、经销商、合作伙伴及消费者、政府部门等参与电子互动的主体也在这个层面上和企业产生各种互动。

在以上五个层次的电子商务基本框架的基础上，技术标准和政策、法律、法规是两类影响其发展的重要因素。技术标准是信息发布与传递的基础，是大数据信息一致性的保证。它不仅包括硬件的标准（如规定光纤接口的型号），还包括软件的标准、通信标准、系统标准。各种类型的标准对于促进整个网络的兼容和通用十分重要，尤其是在十分强调信息交流和共享的今天。

国家对大数据环境下的电子商务的管理和促进可以通过其采取的政策来实现。电子商务是对传统商务的彻底革命，由此也带来了一系列新的问题。国家通过制定各种政策来引导和规范各种问题的解决，采用不同的政策可以对电子商务的发展起到支持或抑制作用。

第二节　网络技术

电子商务企业利用现代信息技术辅助商务活动的进行，电子商务在大数据环境下存在的前提是几项关键技术的应用，其中最重要的技术是 Internet。以 Internet 为核心的计算机网络技术是电子商务的技术支撑，在电子商务活动所涉及的计算机网络技术中，包括了网络传输技术、Web 开发技术、网络数据库技术、网络安全技术、网络资金支付技术等。所有在大数据时代中参与电子商务并希望在未来保持竞争优势的企业都必须及时了解新出现的各种 Internet 技术，并将其应用到企业的电子商务系统中。

一、数据通信系统

信息是现实世界事物的存在方式或运动状态的反映。数据是指用物理符号记录下来的、可以鉴别的信息，是信息的符号表示或载体。信息是数据的内涵，是数据的语义解释。在基于大数据的电子商务发展中，信息具有非常重要的意义。

数据通信就是计算机与计算机，或者计算机与终端之间的通信。数据通信系统是通过数据电路将分布在远地的数据终端设备与计算机系统连接起来，实现数据传输、交换、存储和处理的系统。比较典型的数据通信系统主要由数据终端设备、数据电路、计算机系统组成。

二、TCP/IP、IP 地址和域名

（一）TCP/IP

在大数据环境下，互联网是由一些通信介质（如光纤、微波、电缆、普通电话线等）将各种类型的计算机连接在一起，并统一采用 TCP/IP 协议标准而相互联通、共享信息资源的网络体系。互联网是一个跨越不同国家、地区和区域的计算机网络相互连接、彼此通信的集合。为了使这些网络呈现给用户一个天衣无缝的整体，必须使用某种方式屏蔽掉不同网络之间的差异，这个方式就是 TCP/IP。

TCP/IP 的名字来自最重要的两个协议：传输控制协议（TCP）和互联网协议（IP）。TCP/IP 协议所采用的通信方式是分组交换方式。所谓分组交换，简单说就是数据在传输时分成若干段，每个数据段称为一个数据包，TCP/IP 协议的基本传输单位是数据包，IP 协议负责数据的传输，TCP 协议负责数据的可靠传输。当电子商务数据包传输时，它们沿规定的路由从主机到主机，直到最终目的地。这就意味着互联网具有很强的灵活性，如果一条特定的连接中断了，控制数据流动的计算机通常可以找到另一条路径。

按照任务协议层可划分成 5 个功能层。在互联网传输电子商务数据时，5 个功能层同时工作。最底层是硬件层，它管理互联网的相关硬件设备；网络接口层负责通过网络发送和接收 IP 数据包，允许主机接入网络时使用多种现成的与流行的协议，如局域网的 Ethernet、令牌网、分组交换网的 X.25、帧中继、ATM 协议等；互联层处理互联的路由选择、流控与拥塞问题；传输层的主要功能是在

互联网中源主机与目的主机的对等实体间建立用于会话的端到端的连接；最高层是应用层，是互联网的服务程序运行的地方。每一层为上一层提供服务。

（二）IP 地址

为了使互联网中的计算机能够互相通信并能识别对方，在大数据环境下开展电子商务活动时的任何一台计算机都必须有一个地址，而且同一个网上的地址不能重复。这种地址方案与日常生活中的通信地址和电话号码相似，涉及互联网服务的每一环节。IP 协议要求所有参加互联网的网络节点有一个统一规定格式的地址，即 IP 地址。

IP 地址是互联网中主机的地址，一直以来主要使用的是 IPv4 版本，即每个连接到互联网的主机分配到一个在全世界范围内唯一的 32 位编号。很明显，这些数字不太好记忆。人们为了方便记忆，就将组成计算机 IP 地址的 32 位二进制分成四段，每段 8 位，中间用小数点隔开，然后将每 8 位二进制数转换成十进制数（即点分十进制标记法）。

（三）域名

IP 地址是数字型，存在难以记忆的问题，为了解决这个问题，互联网的研究人员研制出一种字符型标识方法，即为每一个接入互联网的主机起一个字符型的名字，称为域名，如用“www.cnnic.net”代替“218.241.97.41”这样就将难记的 IP 地址转化为易记的“域名”。

域名可以以一个字母或数字开头和结尾，并且中间的字符只能是字母、数字和连字符。第一级子域名也称为顶级域名，一般代表国家，如“www.jnu.edu.cn”中的 cn 表示中国，edu 表示国家教育机构，jnu 为暨南大学，www 为主机名。

在基于大数据的电子商务中，为了使域名与对应的 IP 地址映射一致，必须建立相应的域名服务器，由域名服务器负责该域内的所有主机，即建立本域中的主机名与 IP 地址的对应表，当该服务器收到域名请求时，将域名解释为对应的 IP 地址，对于不属于本域的域名则转发给上级域名服务器去查找对应的 IP 地址。

三、Internet、Intranet 和 Extranet

网络技术出现以后，大数据下的电子商务企业的应用就有了多种选择，其中最主要的包括 Internet、Intranet 和 Extranet 3 种类型。

（一）Internet

在基于大数据的电子商务发展的关键技术中，最重要的是互联网，即由广域网、局域网及单机按照一定的通信协议组成的国际计算机网络。互联网通常被称为“一切网络的网络”，它集合了所有的私有和公用网络，使内容和形式丰富的文件能瞬间在全世界范围内传播，给计算机用户和服务器之间的互动关系带来了革命性的变化。互联网具有如下特点：互联网是全球性的；互联网上的每一台主机都需要有“地址”；这些主机必须按照共同的规则（协议）连接在一起。Internet 是一个全球性的计算机网络，它由各种不同规模和类型的计算机网络互联组成。

这些网络可以是局域网，也可以是广域网。如果用计算机网络来对 Internet 进行描述是不对的。因为，计算机网络仅是传输信息的媒介，而 Internet 能为用户提供信息资源和服务资源。在电子商务发展的过程中，Internet 的可用服务非常多，常用的服务有电子邮件服务、文件传输（FTP）、万维网（WWW）、远程登录（Telnet）服务等。

（二）Intranet

Intranet 是基于 Internet 技术的局域网，又叫作企业内部网，是在企业或部门内部建立的封闭的、受控的，由密码或防火墙保护的网络系统。Intranet 所使用的硬件和软件与互联网类似，但含有识别用户的硬件和软件的设置，阻止外人侵入网络获取信息。

在 Intranet 中，WWW 客户机通过 TCP/IP 和 Intranet 向目标企业的服务器发出 HTTP 信息，服务器的授权检查证明请求者是否有对文件的访问权，然后把文件发回到 Intranet 上发出请求的客户机上。Intranet 服务器还可以对信息进行收集和分类，这样信息就可发到 Intrconet 上实现信息发布。在基于大数据的电子商务中，假设顾客想了解某种产品或某些产品的价格和现货情况，Intranet 可从内部数据库中寻找信息，然后把这些信息转成正确的格式，接着把信息从 Intranet 发到 Internet 上再送到顾客手中。

（三）Extranet

Extranet 也叫作企业外部网，能把企业及其供应商或其他贸易伙伴联系在一起。Extranet 可以是公共网络、安全（专用）网络或虚拟专用网络（VPN）中的任何一种。这几种网络都能实现电子商务企业间的信息共享。Extranet 的信息是安全的，可以防止信息泄露给未经授权的用户。授权用户可以公开地通过Extranet连入其他企业的网络。在大数据环境中，Extranet为电子商务企业提供了专用的设施，帮助电子商务企业协调采购、通过EDI交换业务单证等，实现彼此之间的交流和沟通。

四、移动互联网技术

在大数据环境中，随着宽带无线接入技术和移动终端技术的飞速发展，人们迫切希望能够随时随地都方便地从互联网获取电子商务的信息和服务，移动互联网应运而生并迅猛发展。我国网民规模继续保持平稳增长，互联网模式不断创新、线上线下服务融合加速及公共服务线上化步伐加快，成为网民规模增长推动力。

移动互联网（MI）是一种通过智能移动终端，采用移动无线通信方式获取业务和服务的新兴业态，包含终端、软件和应用3个层面。终端包括智能手机、平板电脑等；软件包括操作系统、中间件、数据库和安全软件等；应用包括休闲娱乐类、工具媒体类、商务财经类等不同应用与服务。随着技术的发展，4G、5G和近场通信（NFC）等网络传输层关键技术也将被纳入移动互联网的范畴。

与传统的计算机互联网相比，移动互联网具有以下特点。

第一，高便携性。移动设备一般比个人计算机（PC）的使用时间更长，这个特点决定了使用移动设备上网可以带来PC上网无可比拟的优越性，沟通与资讯获取远比PC设备方便。第二，隐私性。移动设备用户的隐私性远高于PC端用户要求，移动互联网终端应用需要保障认证用户的有效性，也要保证信息的安全性。一个移动设备往往能对应一个用户，而PC被共同使用的可能性更大。第三，应用更多且更轻便。移动设备比PC多了位置向量，可以随时知道移动设备的位置，因而可以实现很多基于位置服务（LBS）；相比而言，移动应用的功能更为专门化，体积小且使用更为方便。因此，移动互联网在电子商务运作中能够发挥出非常大的作用。

五、EDI技术

EDI技术是在20世纪80年代发展起来的，融合现代计算机和远程通信技术的信息交流技术。EDI通常指将组织内部及贸易伙伴之间的商业信息或文档，以直接可以读取的、结构化的数据形式在计算机之间通过专用网络进行传输。

EDI是企业最早广泛采用的电子商务，它模拟传统的电子商务单证流转过程，以电子化方式传输商务信息，对整个贸易过程进行简化。

EDI 系统由系统软件和硬件、EDI 标准和通信网络组成。EDI 软件包括转换软件、翻译软件和通信软件，能将大数据信息转换成 EDI 标准格式以供传输交换。EDI 硬件大致包括计算机、调制解调器及通信线路。EDI 标准则提供语法规则、数据结构定义、编辑规则和协定、已出版的公开文件等。通信网络则分为直接连接 EDI 和间接连接 EDI。直接连接 EDI 是指参与贸易的每个企业的计算机都通过电话线或专线直接相连。间接连接 EDI 则通过第三方网络，即增值网络进行通信。

EDI 的应用主要来自两个方面：一方面是大的电子商务企业想与自己的供应商和客户建立 EDI 及联系；另一方面是有的电子商务企业已经形成了非常成熟的供应链网络，通过实施 EDI 改善了整个行业的效率。因此，EDI 最早应用在北美洲、欧洲和日本的汽车制造业、零售业和运输业，这些企业从 EDI 的应用中得到了非常好的效益。通用电气公司和沃尔玛最早采用 EDI 来完善订货业务，改善与供应商的关系。宝洁、丰田和联合利华使用 EDI 来实现快速反应（QR）和准时生产（JIT），从而重新定义了与客户间的关系。现在，对于全球数万家的著名电子商务企业，EDI 改变了其经营方式，已经成为它们经营战略中一个必不可少的因素，这些大公司的 EDI 应用都非常成功。现在 EDI 应用相当广泛，在电子商务领域，采用 EDI 技术可以将不同的制造商、供应商、批发商和零售商之间的生产管理、物料需求、销售管理、仓库管理、商业电子收款机系统（POS）有机地结合起来，从而使这些电子商务企业大幅度地提高其经营效率，并创造出更高的利润。

采用集装箱运输 EDI 业务，可以将航运、空运、陆路运输、外轮代理公司、港口码头、仓库、保险公司等企业之间各自的应用系统联系在一起，从而解决传统单证传输过程中的处理时间长、效率低等问题，有效地提高货物运输能力，实现物流控制电子化，实现国际集装箱多式联运，进一步促进集装箱运输事业的发展。

采用 EDI 技术可以将海关、商检、卫检等监管部门与外贸公司、材料加工企业、报关公司等相关部门和企业紧密地联系起来，从而可以避免企业多次往返多个外贸管理部门进行申报、审批等，大大简化了进出口贸易程序，提高了货物通关的速度，最终起到改善经营投资环境，加强企业在国际贸易中的竞争力的目的。

第三节　多媒体技术

一、多媒体技术简介

（一）多媒体的特征

“多媒体”一词译自20世纪80年代初产生的英文“multimedia”，是由multiple和media复合而成的。多媒体技术中的“媒体”是指信息表示和传输的载体，是人与人之间沟通和交流观念、思想或意见的中介。所谓的多媒体，是指信息表示媒体的多样化，常见的多媒体有文本、图形、图像、声音、音乐、视频和动画等多种形式。从本质上说，多媒体具有以下4个最重要的特征，对电子商务的发展有非常重要的影响。

1. 多维性

多维性指的是它的多样性，既包括输入，又包括输出，目前主要包括听觉和视觉两方面。在电子商务运作中，对于实际应用而言，输入被称为获取，输出被称为表现，两者并不一定是相同的。如果完全相同，只能是记录和重放，就效果而言并不是很好。如果对其进行加工、变换，即“创作”，则可以收到很好的效果。

2. 集成性

集成性既包括多媒体设备的集成，也包括多媒体信息的集成和表现的集成。在基于大数据的电子商务中，可以很好地体现这一特征。

3. 实时性

实时性又被称为动态性，是指多媒体技术中涉及的一些媒体，如音频和视频信息具有很强的时间特性，会随着时间的变化而变化。没有实时性，就没有多媒体繁荣的今天。在电子商务运作中，多媒体可以实时地更新数据，来满足消费者的需要。

4. 交互性

交互性是人们获取和使信息变被动为主动的最为重要的特征。在电子商务运作中，多媒体信息空间中的交互性可向用户提供更加有效的控制和使用信息的手段，同时也为应用多媒体开辟了更广阔的领域。

（二）多媒体技术的概念

所谓的多媒体技术，就是指制作多媒体内容的技术，是将文本、音频、图像、图形、动画及视频等多种媒体信息，通过计算机进行数字化采集、编码、存储、传输、处理和再现等，使多种媒体信息建立起逻辑连接，并集成为一个具有交互性的、系统的技术。

在实际中，“多媒体”常常被当作“多媒体技术”的同义词。

多媒体技术的应用主要包括 10 个方面，即音频／视频流点播、医疗卫生、电子出版物、计算机视频会议、多媒体展示和信息查询、管理信息系统和办公自动化系统、传媒和广告、教学管理系统、移动卫星、游戏与娱乐。

在基于大数据的电子商务运作中，随着计算机技术和网络通信技术的结合，多媒体技术的进一步应用和发展成为可能，而且已经逐步变成现实。未来的多媒体技术的发展方向有两个，即智能化和三维化。

（三）多媒体计算机系统的构成

在大数据基础上，多媒体计算机软件和多媒体计算机硬件构成了一个完整的多媒体计算机系统。

1．多媒体计算机软件

（1）多媒体系统软件

多媒体系统软件包括驱动程序和多媒体操作系统。多媒体操作系统的任务是实现对多媒体计算机软硬件的控制与管理、实时任务的调度、多媒体数据转换及图形用户界面的管理等功能。目前，很多电子商务企业采用多媒体操作系统，如微软公司的 Windows 系列操作系统就属于多媒体操作系统，能够有效促进电子商务的发展。

（2）多媒体素材采集与制作软件

常用的多媒体素材采集与制作软件有声音采集编辑系统、视频采集与编辑系统、图像设计与编辑系统、二维和三维动画制作系统，以及多媒体公用程序与数字剪辑艺术系统等。该层工具软件适用于开发人员采集、加工多媒体数据，从而分析电子商务数据。

（3）多媒体创作工具

多媒体创作工具是多媒体应用系统编辑制作的环境。通常除编辑功能外，还具有控制外设播放多媒体的功能。在这一层，电子商务工作人员可以利用对应的开发工具和编辑系统来制作各种教育、娱乐及商业等诸多方面应用的多媒体节目。

（4）多媒体应用系统

多媒体应用系统是面向大规模用户的系统产品，它是根据多媒体系统终端用户的要求定制的应用软件，或者是面向某一领域的用户应用软件系统。例如，电子商务导购系统及多媒体广告系统、交互式多媒体计算机辅助教学系统等。

2. 多媒体计算机硬件

（1）多媒体计算机及接口卡

多媒体计算机及接口卡是建立电子商务多媒体工作环境必不可少的硬件设施，是多媒体计算机与各种外部设备的控制接口，用于完成数据转换。常用的有显示卡、视频卡和音频卡等。

（2）多媒体外围设备

多媒体外围设备包括输入设备和输出设备。输入设备用于完成外部数据的采集，并将其输入计算机，如数码相机、数码摄像机、扫描仪、麦克风、绘画板及数据手套等；输出设备用于把系统的处理结果按照操作者需要的方式输出，如打印机、投影仪和音箱等。在电子商务运作中，应用多媒体外围设备，能够有效促进电子商务的发展。

二、多媒体技术的简单应用——存储

在基于大数据的电子商务运作中，将声音、文字、图形图像和视频等多媒体信息输入计算机，充分利用计算机的运算功能对其进行处理，是从事多媒体技术的人员采用的一种现代技术手段。但是，由于数字化的音频、视频数据量很大，这些信息即使经过压缩，所需的存储空间仍然很大，传统的计算机存储设备，如磁盘、磁带等，无法满足信息对大容量和实时性的要求。事实上，自 20 世纪 70 年代以来，陆续研制成功的各种光盘存储器均可以满足上述要求。

（一）光盘

1. 光盘的结构

20 世纪 70 年代的重大发明之一——光记录，是世界上的一个重大技术开发项目之一，这一技术在 20 世纪 90 年代得到了广泛应用。光盘的优点包括存储容量大、密度高、工作稳定性强、寿命长、介质可换、携带方便及价格低廉等。正因为如此，光盘成为多媒体系统普遍使用的存储设备，促进了电子商务的发展。

（1）光盘的光道

光盘用来记录数据的光道是螺旋形的，长度约为 5 千米，从光盘的内部一直螺旋到最外圈。光道的内部排列着一个一个蚀刻的凹坑，这些凹坑和平地构成存储数据信息，内外光道的记录密度是相同的。

（2）光盘片的规格

普通光盘盘片的规格为直径120毫米、中间孔直径15毫米、厚度1.2毫米。其记录数据的区域为35.5毫米，最里面为导入区，最外面为导出区。导入区和导出区均包含非音频数据，用来控制光驱。

（3）光盘的尺寸

光盘的尺寸多种多样，主要有5.25英寸（1英寸=2.54厘米）和3.5英寸两种。3.5英寸光盘的体积较小，便于携带。

2. 光盘的分类

光盘的分类大致有4种。按工作原理可分为有光技术、磁光技术结合的光盘；按物理格式可分为CD、DVD光盘；按应用格式可分为音频、视频数据和混合光盘；按读写限制可分为只读、只写一次和可擦写光盘。光盘能够很好地储存电子商务数据，促进电子商务的运作。按读写限制分类的光盘的特点如下。

（1）只读光盘

CD–ROM是只读光盘的代表，还有CD–DA、CD–I、CD–Photo及VCD等也都是只读光盘。光盘由母盘压模而成，一旦复制成形，永久不变。对于电子商务企业而言，不能修改光盘中的内容，也不能对其写入新信息，而只能读取其中的信息。

（2）只写一次光盘

顾名思义，只写一次光盘的特点就是只能写一次，但可以读取多次。电子商务企业可以将公司的数据、程序或节目记录到光盘上，但是信息一旦写入就不能再更改。

（3）可擦写光盘

可擦写光盘（ReWritable）的特点，既可以将信息写入其中，又可以擦除并再次写入。市场上出现的可擦写光盘主要为CD–RW。

（二）CD和VCD

1.CD

CD的种类及特点如下。

（1）CD–DA

CD–DA又叫作激光唱盘，可用来存储数字音频信息（如音乐、歌曲等），可以在所有的CD音响上播放音乐。CD–DA可以记录高品质声音，因此在数年内便风行全世界。在CD–DA的基础上，其他规格的光盘才得以发展起来。

CD-DA 采用数字方式记录声音信息，音频数据存放在一个或多个光道上，通常每一条光道便是一首歌曲。从理论上讲，一张 CD 唱盘可容纳约 74 分钟的立体声音乐信号。运用 CD-DA，能够有效储存电子商务信息，促进电子商务发展。

（2）CD-ROM

CD-ROM 是最常见、使用最广泛的一种光盘，主要用来保存数字化资料，如各种游戏、软件等。CD-ROM 具有容量大、价格低廉等优点。

CD-ROM 支持 3 种类型的光道，即 CD-DA 光道，用于存储声音数据；CD-ROM model（模式 1），用于存储计算机数据、游戏和软件等；CD-ROM mode2（模式 2），用于存储声音数据、静态图像或电视图像数据，能够有效存储电子商务数据信息。

（3）CD-ROM/XA

CD-ROM 光驱在读混合模式光盘时（同时具有数据轨道和音频轨道的 CD 称为混合模式光盘），如果读计算机数据，就不能回放音乐。CDROM/XA 允许将计算机数据和音频数据放在相同的轨道上，所以它能够在读计算机数据的同时回放音乐，运用 CD-ROM 光驱能够有效储存电子商务数据信息，促进电子商务的发展。

2.VCD

VCD 于 1993 年问世，是由 JVC、Philips、Matsushita 和 Sony 联合定义的数字电视视盘技术规格。在 VCD 上，声音和电视图像均是以数字形式表示的。一张 VCD 大约可存储 60 分钟的视频节目。VCD 标准定义了完整的文件系统，这使得 VCD 节目既能在 VCD 机上播放，也能在 CD-ROM 光驱上播放。把 VCD 放到计算机中，可以看到 CDDA、CDI、VCD、KARAOKE、SEGMENT、EXT 和 MPEGAV 等目录，能够有效储存电子商务信息。

第四节　大数据新技术

一、物联网技术

（一）技术简介

物联网（IOT）就是物物相连的互联网，目前对于物联网并没有一个统一的定义，比较公认的概念是在计算机互联网的基础上，利用射频识别（RFID）红外感应器、全球定位系统（GPS）、激光扫描器、气体感应器等信息传感设备，按约定的协议，把任何物品与互联网连接起来，进行信息交换和通信，以实现智能化识别、定位、跟踪、监控和管理的一种网络。其中包含两层意思：其一，物联网的核心和基础仍然是互联网，是在互联网基础上的延伸和扩展的网络；其二，其用户端延伸和扩展到了任何物品与物品之间，进行信息交换和通信，也就是物物相息。物联网通过智能感知、识别技术与普适计算等通信感知技术，广泛应用于网络的融合中，也因此被称为继计算机、互联网之后世界信息产业发展的第三次浪潮，在电子商务的发展中，起到了非常关键的作用。

（二）物联网的关键领域

1.RFID 技术

RFID 技术又称无线射频识别，是一种通信技术，可通过无线电信号识别特定目标并读写电子商务相关数据，而无须识别系统与特定目标之间建立机械或光学接触。因此，RFID 技术也是一种传感器技术。RFID 技术是融合无线射频技术和嵌入式技术为一体的综合技术，从概念上来讲，RFID 类似于条码扫描，对于条码技术而言，它是将已编码的条形码（barcode）附着于目标物并使用专用的扫描读写器利用光信号将信息由条形磁传送到扫描读写器；RFID 则使用专用的 RFID 读写器及专门的可附着于目标物的 RFID 标签，利用频率信号将信息由 RFID 标签传送至 RFID 读写器。RFID 系统最重要的优点是非接触识别，它能穿透雪、雾、冰、涂料、尘垢和条形码无法使用的恶劣环境阅读标签，并且阅读速度极快，大多数情况下不到 100 毫秒。

2. 无线传感器网络

无线传感器网络（WSN）是一种分布式传感网络，它的末梢是可以感知和检查外部世界的传感器。WSN 中的传感器通过无线方式通信，因此网络设置灵活，设备位置可以随时更改，还可以跟互联网进行有线或无线方式的连接，能够有效地促进电子商务的运作。WSN 是通过无线通信方式形成的一个多跳自组织网络。

3.M2M

M2M（Machine to Machine），是一种以机器终端智能交互为核心的、网络化的应用与服务。它通过在机器内部嵌入无线通信模块，以无线通信等为接入手段，为电子商务客户提供综合的信息化解决方案，以满足客户对监控、指挥调度、数据采集和测量等方面的信息化需求。

4.“两化”融合

“两化”融合是指以信息化带动工业化，以工业化促进信息化。“两化”融合的核心理念是以信息化为支撑，追求可持续发展模式。“两化”融合最基础的传统技术是基于短距离有线通信的现场总线的各种控制系统。

二、云计算技术

云计算是基于互联网的相关服务的增加、使用和交付模式，通常涉及通过互联网来提供动态的易扩展且经常是虚拟化的资源。目前，较为普遍接受的定义是美国国家标准与技术研究院（NIST）给出的定义：云计算是一种按使用量付费的模式，这种模式提供可用的、便捷的、按需的网络访问，进入可配置的计算资源共享池（资源包括网络、服务器、存储应用软件、服务），这些资源能够被快速提供，只需投入很少的管理工作，或者与服务供应商进行很少的交互。云是网络、互联网的一种比喻说法。过去在图中往往用云来表示电信网，后来也用来表示互联网和底层基础设施的抽象。云计算本质是弹性的在线IT服务，它并不是一种新技术，而是将计算、存储能力作为服务出售的模式，能够有效地促进电子商务的运作。

（一）提升运营效率

在电子商务运作中，利用云计算，能根据顾客消费记录及相关大数据在顾客购买东西时推荐增值服务或打包产品，在提升增值服务收入的同时增强顾客黏性。利用手机、平板电脑等移动终端获取顾客的地理位置，并为其提供基于情景化的个性体验，如顾客在候机室时推荐其可能感兴趣的百货商品促销信息。维珍航空礼宾员借助谷歌眼镜来识别顾客身份，帮助顾客办理登机手续，还能根据顾客偏好提供个性化服务。此外，顾客自助值机、获取电子登机牌、打印行李标签等，都可以用智能终端连接云端来完成。

（二）存储资源信息

在电子商务运作中，利用云计算技术，打造信息云平台。云平台主要用于存储海量资源信息，并根据这些信息建立多维度、面向不同应用需求的数据中心和数据仓库。云平台可以为企业和地方管理部门提供信息存储、处理、展示和应用的业务。

三、GPS 技术

GPS 是由美国国防部研制建立的一种具有全方位、全天候、全时段、高精度的卫星导航系统，能为全球用户提供低成本、高精度的三维位置、速度和精确定时等导航信息，是卫星通信技术在导航领域的应用典范，极大地提高了社会的信息化水平，有力地推动了数字经济的发展。GPS 可以提供车辆定位、防盗、反劫、行驶路线监控及呼叫指挥等功能，能够有效促进电子商务的发展。

四、条形码

条形码是将宽度不等的多个黑条和空白，按照一定的编码规则排列，用以表达一组信息的图形标识符。常见的条形码是由反射率相差很大的黑条（简称条）和白条（简称空）排成的平行线图案。条形码可以标出物品的生产国、制造厂家、商品名称、生产日期、图书分类号、邮件起止地点类别、日期等许多信息，因而在旅游、商品流通、图书管理、邮政管理、银行系统等许多领域得到广泛应用。

（一）条形码的定义

条形码技术是在计算机和信息技术基础上产生和发展起来的融编码、识别、数据采集、自动录入和快速处理等功能于一体的新兴信息技术。条形码技术以其独特的技术性能（如实时生成或预先制作均可，操作简单、成本低廉、技术成熟等），广泛应用于各行各业，迅速地改变着人们的工作方式和生产作业管理，极大地提高了生产效率，在电子商务运作中也起着非常重要的作用。

（二）条形码的种类

1. 一维条形码

一维条形码技术起源于 20 世纪 40 年代，近几年来发展迅速，在国际上得到了广泛应用。一维条形码技术是集条码理论、光电技术、计算机技术、通信技术、条形码印刷技术于一体的自动识别技术。一维条形码主要有 EAN 码、UPC 码、39 码和 128 码等标准，其中 EAN 码是我国主要采取的编码标准。

（1）EAN 码

EAN 码是以消费资料为使用对象的国际统一商品代码。只需要使用条形码阅读器扫描 EAN 码，即可获取商品的名称、规格、型号、生产厂家所属国家或地区等信息。EAN 码有两种规格，一个是 13 位的标准条形码（EAN−13 码），另一个是 8 位缩短条形码（EAN−8 码）。

(2) UPC码

UPC码是美国统一代码委员会(UCC)制订的商品条码，它是世界上最早出现并投入应用的商品条码，在北美地区得以广泛应用。UPC码在技术上与EAN码完全一致，也是定长、纯数字型条码。UPC码有5种版本，常用的商品条码版本为UPC-A码和UPCE码。UPGA码是标准的UPC通用商品条码版本，UPC-E码为UPCA的压缩版。

(3) 39码和128码

39码和128码为目前国内企业内部自定义的码制，可根据需要确定条形码的长度和信息。其编码的信息可以是数字和字母，主要用于工业、图书及票证的自动化管理。

一维条形码有很多优点，如编码简单、信息采集速度快、识别设备简单、成本低廉。一维条形码也有其缺点，如数据容量较小，只能包含字母和数字；空间利用率较低，容易遭到损坏且损坏后无法读取；保密性差。除此之外，传统一维条形码的使用必须依赖数据库，以完成从对物品的标识到物品的描述这一过程。由于一维条形码的容量有限，无法存储对物品的描述信息，只能存储对物品的标识信息，因此，在脱离数据库或无法使用网络的场合，一维条形码的可用性大大降低，在电子商务运作中要视情况使用。

2. 二维条形码

二维条形码最早于20世纪70年代发明于日本，它的出现解决了一维条形码所存在的缺点，目前已广泛应用于商业流通、仓储、医疗卫生、图书情报、邮政、铁路、交通运输、生产自动化管理等领域，在电子商务领域也有非常广泛的应用。它具有条形码技术的一些共性(每种码制有其特定的字符集，每个字符占有一定的宽度，具有一定的校验功能等)，同时还具有对不同行的信息自动识别功能及处理图形旋转变化等特点。二维条形码能够在横向和纵向两个方向同时表达信息，因此能在很小的面积内表达大量的信息。按照实现技术的不同，二维条形码可以分为堆叠式/行排式和矩阵式。

(1) 堆叠式/行排式二维条形码

堆叠式/行排式二维条形码的编码原理是建立在一维条形码基础之上的，按需要堆积成两行或多行。它在编码设计、识读方式、校验原理等方面继承了一维条形码的一些特点，识读设备和条码印刷技术与一维条形码兼容，但由于行数的增加，需要对行进行判定，因此其译码算法与软件也不完全等同于一维条形码。具有代表性的行排式二维条形码有Code 49、Code 16K、PDF 417等。

（2）矩阵式二维条形码

矩阵式二维条形码又称二维码，是根据某种规则在黑白相间的图形上表示数据符号信息的一种方式。在编制代码时，利用计算机内部逻辑的0和1，使用多个相应的几何图形来表示文字或数值等信息，利用图像输入设备等自动识别并读取信息，从而实现信息的自动处理。二维码具有识别速度快、保密性能好、编码密度高、应用范围广、成本低及信息容量大等特点。常用的码制有QR Code、Data Matrix、Maxi Code、PDF 417和Code 49等。其中，QR Code是应用最成功的二维码。与其他码制相比，它占用空间小，数据密度大并且有较快的识别速度。目前，二维码技术的应用逐渐在中国的商业活动中推广。

由于二维码是信息识别领域的重要技术之一，移动公司很早便引入通信增值服务。二维码的储存、解读及传播渠道由互联网及移动终端进行处理，产生了形式多样的手机二维码移动增值服务。手机二维码是指将移动终端或智能手机与二维码技术相结合，利用手机的便携性充分突出二维码识别技术的优势。手机二维码在中国的主要应用模式为解码识读信息、解码链接上网和解码验证真伪3种。在日本，二维码技术的研究更加深入，手机二维码的应用也更为广泛。

二维码的特点包括可存储信息量大，可容纳多达1850个大写字母、2710个数字、1108个字节或500多个汉字；可以编码多种语言文字和图像数据；容错能力强，在条形码表面局部损坏的情况下，依然可以识别；译码可靠性强，它的误码率不超过千万分之一，是一维条形码的1/10；保密性高且防伪性好；成本低廉，制作方便，持久耐用。

二维码的识别有两种方法：通过线型扫描器逐层扫描进行解码；通过照相和图像处理对二维码进行解码。对于堆叠式二维条形码，可以采用上述两种方法识读，但对绝大多数的矩阵式二维条形码则必须用照相方法识读。例如，使用面型电荷耦合器件（CCD）扫描器。二维码的识别是对条形码的译码过程。简单来说，是利用一定的方法对采集到的条形码符号图像进行预处理，通过相应的编码规则进行解析，实现译码过程。因此，在基于大数据的电子商务运作中，要充分运用二维码，提高交易的效率。

第三章　基于大数据的电子商务消费者行为分析

本章为基于大数据的电子商务消费者行为分析，共分为2节，分别是电子商务消费者行为概述、基于大数据的电子商务对消费者行为影响机制。在大数据的基础上，电子商务的发展给消费者带来了一定的影响。

第一节　电子商务消费者行为概述

一、消费者行为的概念界定

消费者是指从事消费行为活动的主体。消费者有广义和狭义之分。广义的消费者，是指购买、使用各种产品与服务的个人或组织。在现实生活中，同一消费品的购买决策者、购买者、使用者可能是同一个人，也可能是不同的人。如果把产品的购买决策、实际购买、使用视为一个统一的过程，那么处于这一过程任一阶段的人，都可称为消费者。狭义的消费者，是指购买、使用各种消费品与服务的个人或组织。

本书主要从狭义的消费者角度讨论消费者行为。事实上，学术界对消费者行为并没有给出一个统一的、被人们普遍接受的定义。恩格尔（Engel）把消费者行为定义为“消费者为获取、使用、处置消费物品所采取的各种行动，以及先于且决定这些行动的决策过程”。这个定义强调消费者行为是一个整体，是一个购买决策的心理过程，以及获取、使用、处置商品的行为过程。美国市场营销学会把消费者行为定义为“感知、认知、行为及环境因素的动态互动过程，是人类履行生活中交易职能的行为基础”。这一定义至少有3层含义：①消费者行为是动态的。这表明消费者的行为会随着历史的变迁和社会经济环境的变化而发展变化。②消费者行为不仅是一个行为过程，还包含了感知、认知、行为及环境因素的互动作用。也就是说，消费者行为实质上是消费者心理（感知、认知）、行为（购买时间、方式）与外部环境（参照群体、社会阶层、社会文化）之间互动作用的结果。③消费者行为是一个涉及交易的过程。交易是消费者行为的主要部分，也是营销中必不可少的重要环节，这一点使消费者行为的定义与市场营销的定义获得了一致。

二、消费者需求理论

消费需求种类繁多，从需求起源上看，可划分为自然需求和社会需求两大类。自然需求是指人类对衣、食、住、行、医等基本生存条件的要求，是延续生命的需求。自然需求是人类作为一个生命体固有的，受消费主体的生理特征影响，因此也可以说是生理需求。社会需求是指在一定的社会条件的作用下，由消费者产生的、具有一定社会特征的需求，如社交需求、尊重需求、荣誉需求、自我实现的需求等。社会需求是人类在长期的社会生活过程中所产生的，与消费主体的心理特征有关，因此也可以说是心理需求。

从不同对象来看，消费者的需求还可以划分为物质需求和精神需求两大类。物质需求是指人对有形的、实际存在的物品的需求，体现了消费者的生存欲望。物质需求可以进一步分为低层次物质需求和高层次物质需求。低层次物质需求是指一切维持基本生命活动的需求；高层次物质需求表现为人类对高档消费品的需求，如对智能化的家电、高品质的服饰、美妆护肤用品等的需求，以及用于从事劳动的物质对象，如劳动工具的需求。所谓的“精神需求”，就是人们对“美”的追求，以及人们在艺术和知识方面的需求，人有了精神需求后，就会渴望亲情、友情和爱情，就会有兴趣爱好。社会中的人在物质需求得到满足后，都会产生精神需求。

从不同形式来看，消费者的需求还可以划分为生存需求、享受需求、发展需求。生存需求是人最基本的需求，只有满足了生存需求，人才会产生享受需求和发展需求。享受需求是人更高一级的需求，是人对美食、休闲娱乐的追求。只有当人的享受需求得到满足时，他们才能得到真正的快乐，进而产生发展需求。发展需求是人的最高追求，人们渴望学到更多的文化知识、获得强健的体魄、取得辉煌的成就。人一旦有发展需求，就会不断开发自己的潜能。

美国人本主义心理学家马斯洛（Maslow）于 1943 年提出了“需求层次理论”，把人类多种多样的需求划分为生理需求、安全需求、爱与归属需求、尊重需求和自我实现需求。

生理需求是指人为了维持自己的生命，对基本生活资料的需求。在人的各种需求中，生理需求是最基本的一种需求。人只有在生理需求得到满足之后，才会有新的需求。安全需求是指人对自己的身体和心理进行保护的需求，主要包括对和谐稳定的社会环境的渴望、稳定职业的追求、安稳生活的追求、对健康的欲求等。爱和归属需求是指个体作为一个社会成员，想要获得亲情、爱情和友情的需求，与别人保持紧密联系的需求：从属于某个社会团体，获得团体的关怀和帮助的需求。尊重需求包含了两种需求，一种是自我尊重的需求，另一种是受人尊重的需求，表现为对独立和自由的向往，对名利的渴望，被人赏识和赞扬的需求，等。自我实现需求是指人想要发挥自己的潜力，去追求理想、实现抱负、获得成功，进而实现自我价值的需求。

20 世纪 70 年代，马斯洛又提出了两种需求——认知需求和审美需求。认知需求是指人们对客观世界的探索欲、对未知事物的求知欲。审美需求是指人对一切美好事物出于本性的向往和追求。

根据马斯洛的理论，人的以上各种需求是由低到高的顺序排列的。其中，生理需求是最低层次的需求，自我实现需求是最高层次的需求，其他需求依次递增。一般来说，只有在满足人的低层次需求之后，人才会有更高级的需求。当一种需求被满足后，它将无法再支配人的动机和行为，它的支配能力将被新的、占据优势的需求取代。马斯洛的理论对研究和划分消费者的需求类别及各类需求之间的相互关系具有重要的指导意义，因而受到各国学者的广泛关注。西方有些经济学家根据需求层次理论的学说，对商品进行分类，使对消费者需求的研究进一步具体化。例如，把商品分为满足生理需求功能的功能类产品，如食品、床上用品等；主要满足安全、防卫、护身需求的渴望类商品，如保洁健康防护产品、化妆用品、体育用品、药品、劳保用品等；主要满足炫耀和自我表现需求的商品，如珠宝、皮货、钻石、高级衣料、贵重服装等；主要满足显示其所处地位和社会阶层归属需求的地位类商品，这类商品因社会角色地位的不同而不同；主要满足游戏、求知、好奇心与模仿需求的娱乐类商品，如玩具、旅游等。

三、网络消费者行为分析

随着人们的生活质量大幅提高，生活节奏不断加快，人们的消费习惯也在不断地改变，电子商务也随之蓬勃发展起来。与传统的购物方式相比，网购具有以下三大优点：第一，网购更加便捷；第二，价格低廉；第三，可以买到当地没有的商品。由于上述种种优势，近年来网购发展迅猛，已经慢慢地从一个新鲜事物变成人们日常生活中不可缺少的一部分，而其特殊的购物方式更是得到了人们的认可和喜爱。

（一）网络消费者购买动机分析

购物动机是消费者购买所需物品的原因。消费者网上购物的动机分为方便型动机、低价型动机、表现型动机。

1. 方便型动机

方便型动机指的是为免去奔波劳累和时间支出而产生的消费动机。消费者只需在手机上轻轻滑动，就能轻松查找到想要的商品，添加购物车结算即可完成购买行为。这不仅可以帮助消费者省去往返商场、排队结账的时间，还可以免去消费者逛大型商场的体力消耗。从这一点可以看出，网上购物既能使顾客购物更加便捷，又能降低顾客的劳动强度。

2. 低价型动机

低价型动机指的是消费者对低价商品的购买欲望。网购之所以如此受欢迎，其中一个主要原因就是网购的商品更便宜。对于企业来说，在网上出售商品，可以省去中间商、代理商等中间环节，可以根据订单进行生产，能有效避免库存积压，这样一来，商品的成本自然就降低了。因此，同样的商品在网络上的价格要低于超市和商城，很多消费者也因此而选择了网上购物。

3. 表现型动机

表现型动机是指消费者出于炫耀和营销自己的目的而购买商品的一种消费动机。使用网络购物的人大部分是年轻人，他们在购买商品时会产生一种体现自我意识的心理需求，所以他们更倾向于选择能表现出自我个性的产品，经常会购买一些能展现个人性格、职业、理想、兴趣的商品。网络上的商品琳琅满目、花样百出，有许多新颖的产品和紧跟时尚潮流的产品，这些产品通常在当地的市场上不容易买到。因此，网购就更容易满足人们展现自我个性、追求独特品位的需求。

（二）网络消费者行为特征分析

1. 存在求廉心理

消费者在网上购物的一个重要原因就是网上的产品比线下销售的产品更便宜。与实体店相比，网店是建立在互联网平台上的，没有高昂的租金及水电费等方面的开销，网店的开设不受地理位置的限制，大部分有网络的地方可以开店；

与此同时，网店不像实体店一样有存货积压，商家可以在收到订单之后，再从生产厂家那里订货；另外，网店也不需要像实体店那样装修店面陈列商品，消费者可以在网络橱窗浏览商品，自主下单。网络营销的成本非常低，因此网上的商品更便宜，这是网购具有的一大优势。这一优势不仅体现在日常用品、家用电器等实物产品上，还体现在一些不需要物流的虚拟产品和消费行为上。例如，网络充值、团购美食、电影票等，商家会给消费者一定的优惠，这些都促进了消费者的网络购买行为。

2. 追求个性消费

在传统的购物方式下，顾客只能在商店提供的产品范围内选择商品，这忽视了消费者的个性化消费需求。某些商品专卖店因城市的经济状况、消费群体的消费水平不同而开设在较为发达的城市，从而导致消费者的个性化需求无法得到满足。网购的出现有效地解决了这一问题，网络销售平台上有从全球各地运来的产品，除了销售大众化的商品，企业还可以根据顾客的需要为其量身定做商品。

3. 热衷新鲜事物

现在的网民，大部分是年轻人，他们青春靓丽、充满活力，对新奇事物往往表现出强烈的好奇心。年轻群体倾向于网络购物的一大因素是网络商品更时尚和新颖。年轻消费群体购物时更关注商品的款式是否符合时尚潮流，是否新潮、时髦、有特色，而不太在意商品的价格和实用性。新一代网民的兴趣范围很广，他们对网络新闻、网络娱乐等都很感兴趣，对未知的事物总是充满好奇。最近大火的短视频直播平台，更是迎合了网民猎奇的心理。

4. 要求购物便利

许多上班族选择在网上购物的原因有两点：一是网购商品通常比实体店更实惠；二是网络购物可随时随进行。线下实体店通常都有固定的营业时间（一般为9：00—22：00）和营业地点，因此实体店营销会受到时间和空间的限制，但是网络购物就不存在这种问题，网络购物可以全天进行，并且还能送货上门，这是传统销售模式远不能比的。根据生活经验可知，通勤时间是网购的高峰期，人们在公交、地铁上就可以用手机浏览并购买商品。另外，网络购物的便利性还体现在电子商务平台所提供的搜索功能上。消费者只需要在平台的搜索栏输入自己想要购买的商品类目，页面就会显示出许多符合条件的商品供消费者比较、挑选和购买。

5. 期望全方位服务

在网上购物不同于在实体店购物，因为消费者无法亲自检查商品。通常情况下，消费者仅能依靠商家在橱窗挂出的商品图片和详细描述来初步了解商品。他们会在对比、分析多家商品的基础上做出购买决策，有时也会受消费满减活动或打折促销活动的影响而冲动购买。消费者可以联系电子商务客服咨询产品详情，催促商家快速处理订单，选择更快的物流送货。假如消费者收到的商品出现质量问题或因物流运输造成破损，那么消费者可以发起售后服务。

（三）网络消费者行为转变趋势分析

1. 消费品质要求更高

在线上购物时，消费者期待获得高质量产品并且能够获取更多额外信息，感受传统实体店无法提供的愉悦体验。如今，越来越多的消费者希望通过更方便快捷、更具价格竞争力的方式获取优质商品。这包括两类消费者：第一类消费者往往面临着巨大工作压力，工作时间长，他们虽不想在购物上花费更多时间和精力，但对产品质量要求很高。这类消费者一般收入较高，有能力负担高端和进口商品。第二类消费者享有更多的空闲时间，并希望在网上找到更划算的商品，以满足他们的心理需求。这类消费者会在网上花费大量时间进行比较、购物，他们会比较不同网站上商品的价格和质量，甚至会在购物节熬夜购物。这种类消费者其实是推动在线消费的主要力量。

2.O2O 应用更加广泛

O2O（Online to Offline），即“线上到线下”。O2O 模式的核心理念在于将在线用户引导至实体店铺，使用户能够在线购买线下商品和服务，然后到实体店铺享受这些服务。针对具有服务性质，尤其是注重用户体验的产品，这种营销模式是最为有效的，与传统电子商务的理念截然不同。O2O 利用在线平台带动线下销售，鼓励商户参与活动，提升用户体验感，线下与线上融合的销售模式能够创造出令人惊叹的价值。对 O2O 平台产生的数据进行透彻研究，能够推动 O2O 模式持续发展。电子商务涵盖信息传递、资金交易、物流运输和商流。O2O 的特点是在线上集中进行信息传递和资金交易，而将物流和商流移到线下进行。目前，O2O 模式已经在线上餐饮、房产、票务、汽车租赁等多个行业得到普遍应用。

3. 移动购物渐成主流

近几年，移动购物成为网络购物市场快速发展的主要推动力。越来越多的人倾向于通过移动网络来浏览和购买商品，这一趋势逐渐成为网络购物的主流。随着移动互联网的普及，消费者迅速认可并接受了移动客户端，主要原因有 4 点：一是我国的移动网络用户数量迅速增长；二是智能手机和平板电脑越来越受欢迎；三是网络连接速度加快，同时无线宽带费用降低；四是传统电子商务成为移动电子商务兴起的基石。

（四）大数据时代网络消费者行为影响因素分析

1. 产品购买卷入度

网络销售对产品有一定要求，有些产品不适合在网上销售。从网络消费者的购买趋势来看，创新且具有时尚感的产品更容易引起他们的兴趣。另外，消费者的参与度也是网络销售需要考虑的一个方面。一些服务类产品或专业性强的产品需要消费者参与，亲自体验、试用，因此可能并不适合在网上销售。但对于需要消费者亲自试用的这类产品，可以通过网络营销与传统营销相结合的方式进行推广。商家可以在网上大力宣传，并展示他们的产品，消费者在网上详细了解产品的性能之后，到实体店购买。

2. 产品的价格

价格虽然不是消费者购买产品时考虑的唯一因素，但它也在一定程度上影响着消费者的购买行为。通常情况下，商品价格和需求量之间通常呈负相关关系。网购之所以能蓬勃发展，其中一个重要因素便是在线商城提供的商品价格普遍较为实惠。电子商务平台能够通过降低传统销售流程中的中间费用，降低产品成本，使商品的价格更实惠，使消费者最大限度受益。在电子商务平台的购物节期间，商家会推出折扣和特价活动，吸引大量顾客来购买商品。

3. 网络购物的便捷性

当消费者考虑进行网络购物时，方便性是他们考虑的重要因素之一。通常情况下，消费者在决定进行网上购物时，会考虑到便捷性，包括时间方面的便利，即可以在没有时间限制的情况下节省时间。另外，在室内就可以方便地选择各种各样的商品，不必外出购物。随着无线网络的普及，消费者可以随时利用手机进行购物，实现无处不在的便利。为消费者提供更便捷的购物体验，能够更好地吸引他们。

4. 安全可靠性

随着电子商务模式的普及，消费者在进行网购时通常需要预先支付款项然后等待商品发货，与传统的“一手交钱一手交货”的交易模式相比，这种时空分离的交易模式会让消费者感到失控。因此，为了减少网购带来的不安，网购过程的所有环节需要确保安全可控，并保护消费者的个人隐私，进而增强他们对网站的信任。随着支付宝等第三方平台的普及，网上购物的安全性和信任度有所增强。

第二节　基于大数据的电子商务对消费者行为影响机制

一、对消费者决策行为的影响机制

随着信息技术的迅速发展和互联网的普及，电子商务已成为当前商业活动中不可或缺的一部分。在电子商务平台上，大量的消费数据被收集和分析，这些数据可以揭示消费者的购买偏好、消费行为和决策过程，因此对消费者决策行为产生着深远的影响。

（一）对消费者选择行为的影响机制

在大数据环境下，电子商务平台为消费者提供了丰富的信息资源，帮助消费者做出更加明智的购买决策。首先，通过对电子商务平台的分析，消费者可以获取商品的详细信息，包括产品的功能、质量、价格等。这使得消费者能够更好地了解商品的特点，从而更好地进行选择。其次，电子商务平台还可以提供消费者之间的交互和评论信息，消费者可以根据其他用户的评价和分享来评估商品的质量和性能，这对购买决策起到了重要的参考作用。另外，电子商务平台还可以通过个性化推荐系统为消费者提供个性化的商品推荐，根据消费者的需求和偏好，精准地匹配商品，从而提高购物体验。

（二）对消费者购买行为的影响机制

电子商务数据对消费者的购买行为产生了显著的影响。首先，电子商务的存在使得消费者的购买过程更加方便快捷。消费者可以随时随地查找和购买商品，不再受时间和空间的限制。其次，电子商务平台可以提供消费者个人的购买历史和喜好信息，这使得电子商务平台能够定制个性化的促销活动和折扣，进一步诱导消费者进行购买。此外，电子商务平台还可以提供消费者的需求预测，根据消费者的购买记录和偏好，为其提供精准的商品推荐和促销信息，从而刺激消费者的购买欲望。[①]

（三）对消费者评价行为的影响机制

电子商务大数据对消费者的评价行为也产生了重要的影响。通过对电子商务

---

① 李杰．直播情境消费者冲动性购买行为影响因素综述[J]. 北方经贸，2022（9）：49–53.

大数据的分析，消费者可以获得其他消费者对商品的评价和评分信息，从而了解商品的质量和性能。这种评价信息对消费者的购买决策起到了重要的参考作用。另外，通过电子商务大数据，消费者可以自己对商品进行评价和评分，表达自己的购买体验和意见。这种消费者评价的信息对其他消费者也具有重要的参考价值，能够帮助他们做出更明智的购买决策。

（四）对消费者信任行为的影响机制

电子商务大数据对消费者的信任行为产生了深远的影响。首先，通过电子商务大数据的分析，消费者可以访问到商家的信用信息和交易记录，从而了解商家的信用状况。这对消费者选择值得信赖的商家具有重要的意义，能够提高消费者的信任程度。其次，电子商务大数据还可以为消费者提供消费保障服务，如退换货政策、投诉处理等，使消费者对购物过程更加放心。另外，通过消费者评价和评论的互动，电子商务大数据也可以增加消费者之间的信任感，让消费者更加愿意通过电子商务平台进行购物。

电子商务大数据对消费者决策行为产生了广泛的影响。通过丰富的商品信息、个性化推荐和促销活动，电子商务大数据能够帮助消费者更好地进行购买决策。同时，通过评价和信用信息的交流，电子商务大数据也促进了消费者之间的信任和交流。电子商务大数据的应用将进一步推动电子商务行业的发展，提升消费者的购物体验和满意度。

二、对消费者接受行为的影响机制

随着互联网的普及，电子商务已成为主流交易模式，各行各业都逐渐建立起电子商务模式。电子商务模式可实现线上线下同时交易，既能为顾客提供优质的产品，满足顾客的需求，为顾客提供详细的商品信息，同时还能帮助企业树立品牌形象、吸引顾客。

因此，为了发挥电子商务模式应用价值的最大化，本书在简要分析电子商务模式、消费者接受行为概述后，结合讨论电子商务模式下消费者接受行为影响因素，然后以此为基础，从虚拟社区的有效经营、信任机制的健全建立、网络互动性的强化、互联网与电子商务模式的有效融合 4 个方面入手，提出应对消费者接受行为影响因素的对策，希望可以提高电子商务模式在区域间的普及度和推广度，减轻电子商务模式运行阻力。

（一）消费者接受行为

消费者的接受行为会受到经济、心理两种因素的影响。心理学家将消费者的接受行为分解为信息加工和习惯建立。信息加工是指消费者在购买商品时会认真分析商品信息，习惯建立是指消费者顺利地购买商品，并且因良好的购物体验对商品产生信任，从而养成一种固定的购买习惯。

经济学家将消费者的接受行为归纳为非对称信息、边际效用、有限理性、期望理论等。在信息不对称的情况下，经营者所掌握的信息要多于顾客，从而促使消费者为维护自身权益而采取相应的行动。

（二）影响消费者接受行为的因素

1. 消费者信任因素

任何事情都有两面性，电子商务也不例外。虽然电子商务使人们的生活更便利，但同时也给人们带来了一些风险。我们可以从时间角度、经济性角度、功能性角度和隐私性角度分析电子商务存在的风险。时间风险是指顾客购买商品所耗费的时间。经济风险是指在网上购物可能会付出较高的成本。功能风险是指在网购过程中，商品可能会出现质量或功能夸大问题。隐私风险是消费者的私人信息很容易在网购过程中被泄露。

2. 消费者感知因素

感知因素是影响消费者接受行为的首要因素，是指当消费者感觉到商品非常有用并且容易使用时，就会下单购买，而当消费者没有明显感觉到商品的功能和效用时，可能就不会下单购买。因此，要想让消费者接受网络商品，就必须确保销售的商品具有实用性和易用性，同时也要让消费者能够感知到商品的实用性和易用性。

一般而言，消费者之所以更倾向于网络购物，主要原因是网购可以节省时间和购买成本。电子商务模式的便利性则是次要因素，因此以上几个关键点都是顾客产生接受行为的先决条件。

3. 商品社会影响力因素

电子商务是一种全新的交易模式，消费者在采用电子商务方式进行购买之前，会判断其他消费者是否也会使用这种方式购物。出现这种现象的原因是电子商务与社会密切相关，消费者受到社会因素的影响，会改变对电子商务的看法。

4. 消费形式的创新因素

对于新兴产品和服务，消费者群体呈现出不同的情感和态度，一些消费者更倾向于接受新事物并乐于使用新产品和服务，这说明这部分消费者可能更具创新意识。相反地，另一部分消费者更偏好经过时间验证的旧产品和服务，他们不太追求新奇刺激，因此创新性相对较低。这些消费者通常非常信任并忠诚于某产品和服务。

（三）消费者接受行为的应对策略

1. 虚拟社区的有效经营

虚拟社区是利用互联网构建的平台，是一种用来满足人们日常需求的经营策略。一般情况下，互联网越普及的地方，建立虚拟社区就更加必要和可行。随着我国移动互联网用户数量持续增加，移动互联网的普及度逐渐提升，构建移动社交虚拟社区更加切实可行。

随着移动网络覆盖规模的扩大，电子商务模式也获得了更大的发展空间和更稳固的用户基础。此外，移动设备的广泛应用进一步提高了用户在电子商务领域的便捷程度，这一点更加显而易见。

此外，由于手机上网变得更加普及，电子商务模式在线下市场有更广阔的发展空间。这一点可以从我国移动网民的数量和移动网民使用智能手机上网的时长上看出来。随着移动支付的普及，相比于计算机，智能手机在日常生产和生活中更加便利。综合而言，移动平台的进步为移动通信和购物提供了方便，并为虚拟社区的发展奠定了良好基础。

因此，为了成功管理虚拟社区，本书强调消费者、商家、营销人员和网站经营者各方应互相信任，以确保在虚拟社区中发生的商品交易活动能够顺利完成。通过虚拟社区进行交易不仅可以解决信息不对称问题，为消费者提供详细的信息内容，还可以帮助营销人员与消费者建立良好的交易关系，保障消费者的购物体验，满足消费者需求，激发消费者购物热情，同时有利于商家建立良好声誉，推动虚拟经济的发展。

2. 信任机制的建立健全

依托物联网、互联网等先进技术的发展，电子商务模式也越来越完善，并迅速普及且呈现出蓬勃发展的态势。电子商务模式中的关键技术，如大数据技术、互联网技术和云服务技术，促进了线下服务与线上营销的有机结合融合，从而改变了消费者的交易习惯。这种模式就是互联网环境下的交易模式。要让消费者接受并认可这种新模式，建立可靠的信任体系至关重要，可以通过消除消费者的疑虑等方式建立信任机制，让他们相信商家和产品的质量，感受到互联网交易的便利性，认可和信任电子商务平台的服务质量。确立信任机制是促进电子商务被消费者广泛接受的关键。此外，建立健全信任机制对于商家树立良好品牌形象有一定的帮助，对于吸引消费者注意力也有一定作用。为了充分发挥信任机制的优势，建立信任机制时，商家需遵循可信、真实、有效的准则，提高产品的质量和信息透明度，以确保消费者完全信赖。由于信任机制强调双方共同受益，因此必须保证信息的真实性和可靠性，同时建立起双方之间的高度信任关系。因此，鼓励消费者就其所享受的服务和购买的产品提供客观反馈，有助于商家完善信任机制。

3. 网络互动性的强化

互联网技术是电子商务模式发展的基石。但是，开放的网络环境可能会存在各种各样的网络安全隐患，因此消费者在网上购物时会十分警惕。当前，实现消费者和商家在网络环境下的有效沟通，避免虚假信息流入消费者眼前是电子商务模式亟须解决的问题。网络互动可被分为组织者与成员之间的互动、组织者与社区之间的互动及社区网站之间的互动。

在电子商务交易中，组织者的作用非常大，一方面组织者要协调团队成员之间的关系，另一方面组织者要发挥领导才能，推动团队不断发展。

在社交平台上，企业可以通过在线营销和互动的方法，引导顾客加入社区。随后，企业客服人员不定期地与顾客沟通，建立互动关系，收集他们的需求信息，在长期的互动交流中，企业与顾客建立起良好的交易关系。在上述过程中，企业也需要为各成员（顾客）发送商品信息，并引导他们针对商品信息展开交流。

在电子商务环境中，商家通过网络渠道宣传和推广产品，消费者在购买商品后，会在小红书、抖音、快手等社交媒体平台分享他们对产品的使用体验。同时，商家也会针对消费者的使用感受，与消费者进行深入交流，全面跟进消费者的反馈和建议，以保持消费者的忠诚度，并做出及时调整。另外，组织者还需要确保消费者的信息安全，维护健康、安全的网络生态环境。时刻关注成员之间的互动是否有效，及时发现并处理掉有害信息，维护商家和消费者的利益。

4. 互联网与电子商务模式的有效融合

在企业的经营过程中，必须与网络技术进行全面融合。在互联网飞速发展及大数据技术广泛应用下，电子商务公司需要尽快地将互联网技术与公司的经营活动相结合，运用大数据技术全面深入地挖掘、处理数据信息，根据数据分析结果，对消费者的消费需求进行详细划分，进而改善商品的品质和服务，从而主动地发掘和吸引潜在的顾客。

消费者在网上购物时，有时会买到质量不合格或价格虚高的商品，或者在申请售后时得不到满意的售后服务，而这正是电子商务在发展和建设过程中需要改善和完善的问题。例如，百安居是英国翠丰集团的子公司，主要经营家居建材，在国内有多家连锁超市，主要经营模式是线下模式。在网络非常发达的时代，百安居多年来一直处于亏损状态，线下店面的数量骤减。很明显，线下销售模式已经不符合现代消费者的消费习惯。为此，百安居开始紧跟时代潮流，大力开发、运作网络营销的方式，在天猫开设了旗舰店，希望通过这种方式来实现电子商务的新模式。

在构建电子商务模式的过程中，如果有足够多的客户，并且他们的需求都趋于一致，那么可以根据客户的多样需求，有针对性地对客户进行分类。电子商务企业可以集中采购，并利用各供应商竞争来获得更优惠的采购价格。电子商务模式代表着一种创新性的销售方式，可为消费者带来全新的购物体验。然而，这种模式的出现需要消费者改变他们的购物习惯。激发消费者的购买行为，提高消费者和商家之间的互动效率，有针对性地解决信任问题，这是当前该模式面临的主要挑战。充分利用网络互动的优势，完善信任机制，建立虚拟社区是吸引消费者并激发其购买行为的有效措施。

第四章 基于大数据的电子商务运营推广

本章为基于大数据的电子商务运营推广，共分为5节，分别是基于大数据的商业模式创新、基于大数据的电子商务选品、数据化运用体系流程及其作用、数据分析驱动下的营销推广、基于大数据的电子商务运营案例分析。

第一节 基于大数据的商业模式创新

一、新零售商业模式

随着时间的推移和社会的发展，各种新技术层出不穷，这极大地方便了人们的生活。如今，互联网和大数据越来越普及，它们不仅被应用于科研领域，还越来越频繁地应用在人们的日常生活之中。目前，以实体门店、电子商务、移动互联网为核心的新零售逐渐流行，人工智能也赋予了其更大的可能性，国家也正引导零售业不断向着新零售发展，未来零售行业将向着无人化、数字化转型。

（一）新零售商业模式的解读点

1. 新零售商业模式概念

关于新零售商业模式的概念，零售领域的人从不同角度进行了诠释，不过，大多是围绕着技术、数据、体验的革命性升级来阐述的。新零售商业模式，就是指将线下、线上、物流等都结合起来的销售模式。

以前，消费者在线下购买商品，往往要到具体的商场或小卖店去，并且能够看到具体的实物。随着互联网技术的发展，网上购物逐渐变得越来越流行，在线上购物时虽然缺少了那种身临其境的实景体验，但是却更加便捷，人们足不出户便可以浏览各种品牌商品，再也不用费心劳力地前往各个地方，只需滑动手指便可以买到自己想要的东西，操作十分便利。另外，电子商务平台还会为消费者智能推荐更符合日常需要和审美需求的商品，十分人性化。

新零售商业模式则综合了线上线下的优点，使得消费者既可以浏览丰富多彩的商品，便捷地进行购物，享受到智能化和个性化的服务，同时还可以具有身临其境的感觉，享受到线下购物的真实感和立体感。

2. 新零售商业模式发展历程

从20世纪90年代开始，随着移动互联网行业的迅速发展，中国电子商务开始起步，逐渐受到了越来越多人的欢迎。随着电子商务逐渐普及，主流消费群体的消费习惯逐渐向着互联网转移，再加上电子商务服务商在交易的各个环节都能够提供专业服务，与线下交易相比，交易成本大大降低，越来越多的线下商家也开通了线上交易服务，不断进行电子商务化转型。经过了几十年的发展，到如今，我国电子商务已经融入国民经济的各个组成部分，也成为人们日常生活不可缺少的一部分。但是，随着时间的推移，这种纯电子商务模式也逐渐触到了天花板，盈利速度放缓。在这种情况下，新零售电子商务开始崛起。与纯电子商务模式相比，这种新零售的模式更符合人们目前的需求，与新一代消费群体的社交消费习惯相契合。未来，我国电子商务发展将呈现出移动化、平台化、三四五线城市、物联网、社交购物、O2O、云服务、大数据、精准化营销和个性化服务，以及互联网金融十大趋势。如今，新零售商业模式已经得到业界的广泛认可，突破了传统电子商务的发展瓶颈，带来了新的消费增长，拉动了消费升级。

（二）新零售商业模式的创新动因与创新要素

1. 新零售商业模式的创新动因

（1）消费升级提供了创新基础

新零售商业模式的创新与现在社会环境的变化有着十分密切的关联，如各个行业之间的激烈竞争、信息化技术的发展、公众消费的升级等。随着“互联网＋应用”的深入发展，人们的消费习惯发生了革命性变化，零售企业要想在新的社会形势下获得更好发展，就要顺应时代的发展，逐渐转变经营理念，以消费者为主，借助大数据分析工具深入挖掘消费者需求，不断对新零售商业模式加以创新。在网络经济时代，消费者在选购商品的时候，越来越重视多元化和个性化，除此之外，他们还十分注重消费体验。为了更好地适应消费者的新需求，就需要对新零售商业模式进行改革创新。例如，可以利用新技术打造沉浸式的消费体验场景，使消费者可以身临其境，获得更加真实的消费体验，从而在市场竞争中占据更大的优势。

（2）利润驱动企业主动追求创新

在网络经济时代，零售市场正在经历巨大的变革。为了顺应市场发展，在激烈市场竞争中脱颖而出，获得更高的利润，零售企业必须深刻分析当前形势，预判零售业未来的发展方向，主动进行经营改革与创新。对于零售企业来说，利润是顺利运营的现金流保证，发挥着十分重要的作用，如果零售企业始终运用同一种零售商业模式，不思进取，由于无法适应社会发展变化，其利润就会下降，不利于零售企业的正常经营。零售商业模式的创新动因之一就是利润，利润驱动着零售企业追求创新。同时，零售企业商业模式的创新是否符合需求，也主要通过其所带来的利润来判定。如果零售企业商业模式的创新符合需求，那么其利润必定会上涨。

（3）挑战促使传统零售业追求创新突破

随着互联网的逐渐普及，消费者的需求发生了显著变化。为了适应消费者的需求变化，传统的零售业虽然已经发生了一些改变，但是从本质上来说，其商业模式并没有发生大的改变，线下销售服务不突出，线上销售渠道缺乏体验感，服务意识不强，线下与线上并没有形成较大的销售合力，并没有形成一种互相促进的良好发展状态，而且线上的供应成本也比较高，也不利于零售企业的正常运营。它仍然无法适应这种新的行业发展形势，因此必须从根本上对其商业模式进行改革创新。在当下的互联网经济时代，传统零售企业必须主动面对挑战、持续创新、积极拥抱变革、探索新的商业模式，打造整合线上线下的一体化的全新零售渠道体系，以增加产品销售规模，保障企业的生存和发展。

2. 新零售商业模式的创新要素

在网络经济背景下，要想明确新零售商业模式的创新路径，就要做好创新要素的分析，从而积极应对当前的消费需求变化。下面主要从服务意识、销售心理、盈利模式等方面进行分析。

（1）服务意识的创新

在网络经济背景下，消费者的消费心理和消费需求也发生了很大的变化，零售企业要想满足消费者的心理需求，就需要借助大数据分析系统，针对消费者的消费行为等数据进行分析，精准定位，锁定目标用户，精准把握消费者的心理，然后有针对性地对当前的产品与服务进行改革创新，为消费者提供更加符合他们心理需求的产品和服务，实现消费与市场的对接，获得更大的竞争优势。不过，这并不是一劳永逸的，因为消费者的心理是不断变化的，零售企业要不断分析消费者的心理变化，并不断对产品和服务进行创新，从而使之更符合消费者的需求，提升消费者对其忠诚度。

（2）销售心理的创新

如今，随着互联网的迅速普及与发展，人与人之间的距离越来越近，零售企业与消费者之间的距离也越来越近，与人们的日常生活社交联系越来越紧密。为了适应这种现状，就需要转变传统的销售心理，对其进行创新，可以将产品销售与社交工具、软件结合起来，利用消费者的“从众心理”进一步促进零售产品的销售。例如，可以在微博、朋友圈等宣传并售卖零售产品，发挥熟人优势，降低陌生感，增强消费者对产品的信任，提高其购买欲望。

（3）盈利模式的创新

原来的零售模式主要在线下进行，人们需要到规定的场所中才可以购买商品，之后随着互联网的迅速发展，零售业逐渐转为“线上＋线下”共同发展的模式，其销售渠道不断拓宽，盈利模式也发生了变化。现在，随着消费者心理不断升级，简单的“线上＋线下”销售模式也已经无法满足消费者的心理需求了，要打造更加优质的零售消费体验和场景，使消费者身临其境，充分挖掘并发挥线上与线下销售模式的各自优势，从而不断创新盈利模式，促使其形成多元化发展格局。

（三）新零售商业模式的特征

新零售的核心是以消费者为中心，重塑消费者、供应商、网络平台和商家之间的关系，让消费者在购买中能真实地感受到购买的便利性和良好的购物体验。新零售商业模式的特征具体表现在以下几方面。

1. 与实体零售企业合作

尽管网络零售与实体零售的商业本质是一样的，但是实际上二者的运营方式存在着很大的差别。网络零售企业要想向线下延伸，实施新零售商业模式，这并不是一件容易的事情，要花费较大的时间、金钱与人力成本。当然，对于网络零售企业来说，还有一个比较简单的方法，那就是与实体零售企业合作，借用实体零售企业的现有资源来实现其线下展开，这样可以少走很多弯路，降低风险。例如，网络零售企业可以与实体零售企业以参股结盟的形式合作，双方加强沟通与交流，共享部分资源，进行业务战略合作，实行协同发展。

2. 新零售基础是全渠道构建

新零售商业模式的其中一个特征就是全渠道构建，它不仅是线上渠道与线下渠道的结合，还包括了移动渠道和供应链物流两种形式。这 4 种渠道形式共同构成了新零售商业模式的全渠道。具体来说，线下渠道包括实体零售店、体验中心及服务网点等；线上渠道有网站、电话或电视购物和网店等；移动渠道有社交媒体及直播平台等；供应链物流作为联系线上线下的重要纽带，其智能化设备包括智能仓储、智能运输、智能物流。例如，某电子商务企业与上海百联成为战略合作伙伴后，构建了全渠道、全品类、全时段、全体验的新型零售模式。双方在新零售技术研发、高效供应链整合、货源体系互通、支付金融互联和物流体系等领域展开全方位合作。

3. 行业间互相融合，多元化零售

新零售商业模式有着行业间相互融合、多元化零售的特征。在新零售商业模式下，消费者不仅可以购买商品，还可以进行社交、休闲娱乐等，享受到更加完美的复合型体验。例如，某个品牌有着7000多种商品，涉及人们日常生活的各个方面，它还在一些城市中有同一品牌的面包房、咖啡店等，消费者可以实现一站式购买，十分便利。

4. 重塑供应链，增强柔性

有的公司使用传统的物流体系，其产品存储在1～2个仓库中，承担着全国各地的商品订单的发货量，因此物流成本十分高昂。这种情况下，就需要对其加以改革，以降低物流成本，获取更高的利益。此公司可以与网络物流公司合作，网络物流公司有着全国各地的仓储中心，公司将商品运送到各地的仓储中心，之后的物流成本就大大降低了。这样，当消费者下单之后，依靠大数据，就可以了解消费者所在的位置，然后距离消费者比较近的仓储中心就可以直接发货，缩短了消费者的等待时间。

5. 能满足消费者个性化需求

与传统的零售商业模式相比，新零售商业模式更加人性化，商家依靠人工智能技术和大数据技术，可以对消费者市场进行细分，了解消费者的消费行为，并对其消费行为进行分析，确定其心理需求，然后生产和销售满足消费者需求的产品。例如，某个电器公司就通过对全渠道大数据的分析，实现了对消费者的精准营销和个性化营销服务。消费者在家电套购的时候，导购员会根据其房屋户型、格局和家庭人员情况，给予其整套家电解决方案，为其推荐合适的家电，满足消费者的个性化需求，对其进行定制化服务，同时还会做好售后服务工作，确保消费者拥有完美的购物体验。

（四）新零售商业模式的系统

1. 平台主导式营销系统

平台主导式营销系统，顾名思义，就是指以平台为主导，各个商家聚集在一个网络平台上，通过这个网络平台销售商品，消费者也通过这个网络平台购买商品，这整个过程依靠云服务和大数据技术来支撑，平台要向商家收取一定的佣金。例如，某个电子商务企业实现了线上线下销售数据的全面互通，它首先通过线上App获取消费者的购买数据，了解不同消费者的购买行为，然后将其对接给线下实体店，线下实体店就可以根据消费者线上购买的商品种类、地理位置进行订单处理，然后发货、配送，这整个过程离不开阿里云强大的数据运算。

2. 第三方主导式营销系统

第三方主导式营销系统的实现基础是必须具有强大的物流体系。物流供应链的构建成本相对较低，物流数字化且与平台物流对接，为企业和消费者提供高效快捷的物流服务。例如，鹭鲜生是厦门航空旗下全新的生鲜电子商务品牌，它采用预售模式售卖新鲜的、高品质的水果、蔬菜、家禽、奶制品、海鲜等。它依托于厦门航空，有着强大的物流优势。消费者下单之后，商家在产地进行直接采摘或捕捞，然后将其送上飞机，全程冷链运输，确保消费者能够收到最新鲜的产品。

3. 供应商主导式营销系统

供应商主导式营销系统主要由供应商主导，供应商要有自己的品牌产品，有整条商品价值链和供应链的控制权，从而为消费者的消费升级提供服务。例如，某个公司在线下具有公开渠道、自营渠道，线上具有电子商务旗舰店、官方购物商城等，它真正实现了线上线下等价同服务策略。例如，消费者在购买品牌手机的时候可以任意选择某个渠道进行购买。该品牌的自营渠道就是指公司线下体验店的直接供应商，这种直销模式降低了流通成本，有助于品牌产品低价竞争策略的实现。

（五）新零售商业模式的未来发展方向

随着互联网及大数据技术的迅速发展，未来，我国各个行业都会与科技进行高度结合，利用网络数据进行精准定位，分析不同消费者的心理需求，发展线上线下相结合的模式，并对用户体验进行升级。新零售商业模式与当前我国各个行业的发展趋势大致相同，目前，我国的新零售模式包括B2B、B2C、O2O、C2C等，随着它们不断普及，消费者的消费观也正在被不断改变着。为了更好地赢得消费者的关注，做好营销活动，如今很多商家会运用全渠道经营、全区域营销的策略，来介绍自家的产品和服务，相比起之前，这样的宣传效果往往也会更好。随着5G、互联网、大数据、区块链等新技术的出现，新零售服务模式逐渐呈现在人们面前，在这种模式下，消费者可以更加安心、便捷地消费，还能够在不同的地点和时间享受到同一高品质的服务。随着社会的发展，未来零售与电子商务将会改变之前的关系，展开互相合作，新的理念、合作模式、供应链企业将会不断显现出来，零售趋势也将会不断被优化，各个商家将会把消费者更加紧密地联系在一起，形成完整的以消费者为中心的闭环流程，从而达到消费者与企业互利的理想状态。

二、大智移云下的新商业模式

大智移云是将大数据、云计算、物联网综合到一起的时代。互联网的发展改变了人们的生活方式，传统的线下“商场模式”也逐渐融入了线上“电子商务模式”，人们的消费习惯不断被颠覆。随着电子商务平台的发展、支付方式的改变，人们的消费行为也开始嵌入互联网。鉴于此，商品也好，消费者也罢，都只是互联网中的一个数据流，人与商品对互联网来讲并无本质区别。那么，对海量数据进行价值重组，并通过计算分析快速将商品数据流导向消费者逐渐成为云计算的核心，这里称其为云智能，它可以开启“商品逐人”的商业新模式。

（一）大数据嫁接云计算搭建云智能平台

近些年来，新概念（如智慧城市、物联网、数字化城市及数字地球）的涌现，推动了信息化建设不断发展。当代商业逐渐开始依赖大数据、云计算和人工智能等技术，并将其作为基础，以谋求商业进一步发展。其中，在当今社会中，云计算和大数据的融合已经成为一种不可逆转的潮流。云计算最初的目标是有效地进行资源管理，使其达到时间灵活性和空间灵活性，它也可以被称作云计算的弹性。这里所说的资源主要包括 3 个方面，分别是数据资源、网络资源及计算资源。云计算无法独立进行，它必须以大数据为基础，只有云计算可以为大数据的运算提供资源层的灵活性。同时，大数据也离不开云计算，只有通过云计算，大数据才能够真正地产生其应有的价值。云计算和大数据相辅相成，它们之间的相互作用能够更好地推动新商业模式的实现，二者的融合也是信息化发展的必然方向。

（二）大数据结合人工智能为机器灌输智力

人工智能的发展历程可分为 3 个阶段：第一是计算智能，重点在于储存数据，解决数学计算问题；第二阶段是感知智能，这意味着系统具备了语音识别和图像识别的能力，同时经过训练，它还能够说出人们的语言；第三阶段是认知智能，它能够理解并进行思考。人工智能技术立足于神经网络，并能够发展出多层神经网络，它能够进行深度机器学习。人工智能是程序算法和大数据结合的产物。大数据为人工智能提供了知识基础，人工智能让大数据成了智慧源泉。

（三）人与商品的数据角色融合

人们的生活离不开各种各样的商品，无论是衣食住行，还是休闲娱乐，都与商品有着千丝万缕的关系，商品是人类生存的基石。提到“商品”二字，人们最先想到的就是它的颜色、形状、规格、数量、价格、用途等，这里将它的这些属性称为数据角色。在互联网时代，无论是人，还是商品，都可以用某些数据来表示，人与商品之间的各种业务往来都可以用数据交融展示出来。

（四）“物逐人”新商业模式探讨

在现行的商业模式中，无论是线上，还是线下，都是“人逐商品”，以人为驱动，以人的需求为中心，人们在线下的商场、超市里，在线上的电子商务平台中寻找着自己需要的商品。在这个“人逐商品”的商业模式之中，分配的核心算法就是一个人的机械寻找过程。

如今，各种商品资源越来越丰富，人们的选择也越来越多，两相对比之下，人反而成了稀缺资源，在这种背景之下，如何将商品定位到人的需求上，将各种商品与人的需求定位并进行分配，实现“商品逐人”的新的商业模式，这是一个十分重要的问题。

要实现“商品逐人”的新的商业模式，就离不开强大的云智能计算技术，利用这个技术可以计算出人们目前对商品的品牌、质量、数量、价格、周期等的需求数据，了解人们目前的消费心理需求，同时还能够根据消费者的具体情况推算出他们的潜在需求数据，实现商品数据属性与消费者心理需求的无缝对接，提高商品分配的效率，解决商品滞销和库存问题。在未来，人的需求将成为一个商品，那时候的产品不是先于人的需求被制造出来，而是在知晓人们的需求之后因需生产出来，满足人们的心理需求。

总而言之，“人逐商品”就是指人机械地寻找符合自己需求的商品的过程，“商品逐人”是“大数据＋云计算＋人工智能”的核心计算过程，二者分配的核心算法不同，这也是这两种商业模式的最大区别。未来，“商品逐人”模式将成为一种十分流行的商业模式，在这个新的商业模式之下，原来的消费主体与客体之间的区别将不复存在，人的需求在前，商品生产在后，那时将会真正实现按需生产，人与商品进行动态、智能匹配。

三、人工智能下的新商业模式

（一）人工智能的内涵

作为一门新兴科学技术，人工智能的本质是对人的思维过程的模拟。世界各国认为，人工智能是实现再工业化、促进经济发展的有效途径。因此，许多国家出台了与人工智能有关的政策措施，促进其技术的进步与行业的发展。例如，我国政府就在政策、人才、资金等多个方面对人工智能行业提供了强大的支持，高度重视人工智能与各个行业的结合，促进了我国人工智能行业的进一步发展。

（二）人工智能的特点

1.自动化

自动化，就是指在较少人或没有人参与的情况下，按照人的要求进行规定的动作，完成预期目标的过程。人工智能具有自动化特点，它可以将人从机械的、烦琐的、重复的、危险的生产活动中解放出来，代替人类去进行那些危险的、无价值的、低价值的工作。从本质上来说，人工智能的自动化并没有改变原来的生产工艺或业务流程，它只是降低了员工成本的开销和人为出错的风险，提升了企业业务的自动化程度和工作效率。在电子商务运作中，利用好人工智能的作用，能够有效降低成本、提高利润，从而促进电子商务的发展。

2.智能化

人工智能具有智能化特点，其智能化主要涉及分析、推理、决策等多方面的工作，通过对某些样本数据的分析，它可以推断人类的某些行为，帮助人类制定更加合理的决策。例如，在汽车自动行驶过程中，人工智能能够对前方路况进行分析，发现异常情况并及时加以规避，避免交通事故的发生。电子商务用户可以通过对用户某些数据的分析，向用户推送符合其需求的商品，还能够对用户的消费行为进行预测等。

3.新生化

人工智能的新生化是人工智能对人类活动的改造或改良。具体来说，就是指在行业中融入人工智能之后，要对产业链和业务流程进行重塑，进而确定新的商业模式与业务流程。例如，在电子商务运作中，在医疗领域，很多疾病的治疗方法是零散、片面、不彻底的，运用人工智能技术后，可形成某种疾病完善的、系统的、全面的治疗方法。从这个角度上讲，人工智能的新生化将开启人工智能一个全新的时代。

（三）人工智能的商业模式

商业模式就是指如何盈利。在人工智能从单纯的一门科学走向产业应用的过程中，其价值体现的形态包括技术、服务、软件产品、硬件产品、软硬一体化产品等。利用好人工智能和电子商务相结合的商业模式，能够有效促进电子商务的发展。人工智能企业的商业模式主要分为以下四类。

1.组件租用

组件租用中的组件是一个泛在的名称，包括应用程序编程（API）接口、Web Service接口、COBRA中间件、远程过程调用（RPC）等。人工智能公司开发好相应的组件，对外提供相应的调用服务。这种盈利模式常见于人工智能基础设施层和人工智能技术支撑层的厂商，通过组件的形式，对外输出自身的技术能力。例如，在电子商务运作中，汽车驾驶领域的百度Apollo平台、三大运营商的平台即服务（PaaS）云平台等。这种商业模式的优势如下：组件是轻量级的，对人工智能基础设施的需求小，已规模化，并且复制能力强。

2.License购买或租用

License购买或租用和早些年的“轮船服务”类似，即“造不如买，买不如租”，充分发挥各方的优势，节约各自的成本。人工智能的License购买或租用主要以无人机、机器人等模式为主，对外出售或出租自身的实体产品，电子商务企业运用这种模式，能够有效降低成本。

3.解决方案出售

解决方案出售是一种“专业人做专业事”的体现，这种商业模式主要是对智力的消费，出售的内容包括产品、服务、具体的解决方案等，一般是“一条龙”服务。例如，某电子商务企业对外提供的自动驾驶服务具体如下：①属地移动公司提供移动通信网络；②合作车企提供定制的车辆；③提供自研产品和场景化的解决方案。

4.基于场景的个性化定制

基于场景的个性化定制可以说是一种按照效果付费的模式，即在人工智能融入具体的业务场景后，采用一定的规则对人工智能的实际应用效果进行量化，通过量化的数值来体现业务的价值，然后有针对性地收费。在电子商务运作中，运用该种商业模式，能够有针对性地对数据进行分析。

（四）人工智能下我国电子商务企业的发展趋势

1.建立智能化数据共享平台

在电子商务企业采购与生产过程中，大数据发挥着十分重要的作用，通过数据共享，能够更好地解决柔性生产、产品升级、渠道选择等方面的问题。要实现数据共享，可以建立智能化数据共享平台，这样所有的数据都可以在这个平台上呈现出来，电子商务企业能够在这个平台上浏览到各种相关数据，然后将其应用于自身，十分方便。利用人工智能算法对大量消费数据的整理、分类，电子商务企业能够更加准确、全面地了解目标市场的需求变化，从而转变生产方式，实现柔性生产，同时还能够进一步促进产品的优化升级。另外，人工智能技术还能够帮助企业更加精准、高效地选择出所需要的供应商，减少时间和金钱成本，获得更高的利益。

2.加快海外智能仓储建设

在电子商务物流供应链变革升级之中，海外仓的创新性应用发挥着重要作用，目前，在我国海外仓建设过程中存在着一些问题，它们影响着电子商务的正常运行。例如，供需关系的准确预测、库存的提前优化、境外货物的运输和配送效率的提高等，都是当前急需解决的问题。要想解决这些问题，可以在海外仓建设之中应用人工智能技术，实现海外智能仓储建设，利用深度学习算法和人工智能实现对消费数据的管理、分类与规划，然后利用这些数据对目标市场上的供求变化进行提前预测，并与自身的库存储备量加以对比，解决其中存在的库存不合理问题。另外，海外仓主要建设在海外，要促进产品的销售量提升，就要充分利用目标市场的本地渠道，挖掘本地的目标市场，使当地的人都能够知晓这一品牌产品，可以利用“海外智能仓储+本地派送”的方式促进电子商务企业的产品和服务的本土化，给予他们良好的购物体验，提高本地人的购买欲望。另外，要实现海外智能仓储的良好运营，还可以雇佣当地人员，与本土企业合作，这样能够更加提高当地人的好感度，也便于在当地人群中进行宣传，同时还要充分考虑当地国家的宗教信仰、法律法规、风俗习惯等，以免发生冲突，不利于海外智能仓储的实现。

3.建立以需求为导向的智能营销模式

如今，人们在网络上买东西已经不是什么新鲜事儿了，电子商务迅速在人群之中流行起来。在电子商务迅速发展的过程中，也出现了一些问题，如产品同质化、价格打压等，这些问题影响了电子商务的营商环境，给消费者带来了不好的体验。现在人工智能逐渐发展起来，如何利用人工智能技术实现对消费者的精准营销，建立以需求为导向的智能营销模式逐渐成为电子商务企业的重中之重。这需要对电子商务平台中存储的消费者浏览信息、购买记录等数据加以深入分析研究，挖掘不同消费者的消费喜好和心理需求，这样电子商务企业就可以准确定位目标市场和消费人群，对不同的消费者进行个性化推送和精准营销，实现营销的最大化。另外，在这种营销过程中，电子商务企业还应该打造自己的品牌，将当地文化融入其中，向当地消费者宣传自身品牌的良好形象，增强当地消费者对这一品牌的信任，促进电子商务企业品牌的本土化，最终形成“智能营销为品牌建设奠定基础，品牌效应促进产品销售”的智能营销模式。

4. 基于区块链技术实现电子商务智能监管

如今，随着社会的不断发展，为了适应社会发展需求，电子商务交易模式也在不断创新，在这样的背景下，对电子商务的监管就变得越来越困难，电子商务的资金流向与交易数据难以掌握，为了实现对电子商务的进一步监管，可以采用区块链技术，对电子商务进行智能监管，将电子商务的每一笔资金流向和交易数据都掌握得清清楚楚、明明白白，这样有助于减少电子商务交易中违法违规现象的发生。区块链中的任意节点在不依赖第三方管理机构的情况下都能实现信息的自我验证、传递和管理，这样可以有效避免处于中心地位的网络平台篡改数据，保证交易数据的准确性。同时，监管机构可以通过公开接口获取区块链中的交易数据，从而更好地对电子商务进行智能监管，提高了工作效率。

第二节　基于大数据的电子商务选品

一、电子商务选品概述

（一）电子商务选品的内涵

近年来，电子商务成了社会关注的热点，越来越普及，也越来越受到人们的喜爱。国家和政府也提出了一系列政策措施来对其提供支持，促进了其进一步发展。中国制造业的产品线丰富、价格低廉，生产出来的产品丰富多彩。那么，在电子商务过程中，如何选择符合国内外客户需求的产品呢？这是一个需要重点考虑的问题。

从市场角色关系看，选品即选品人员从供应市场中选择适合目标市场需求的产品。从这个角度看，选品人员在选择产品的时候需要考虑到两个方面：一方面是用户需求，另一方面是市场需求。一个成功的选品，往往能够实现选品人员、供应商和客户的共赢。

（二）电子商务选品的影响因素

1. 产品特点因素

不同的产品有着不同的特点，有一些产品只在某个周期内热卖，在其他时间段周期内则不温不火，存在着比较明显的淡旺季。例如，不同季节的衣服、鞋子，春联、元宵等，都存在着这个特点。针对具有这个特点的产品来说，商家就要谨慎考虑备货量和备货节点，以免积压。

随着互联网的普及，人们在网上购买东西的频率变得越来越高，网上的产品也变得越来越丰富，种类数目越来越多元化。对于商家来说，他们普遍选择的是利润率比较高的产品，这有助于他们获得更高的利润，这与产品的入驻门槛和质量有关。通常情况下，技术含量比较高的产品的竞争压力比较小，入驻门槛比较高，更加便于企业提高自身的品牌形象，获得更高的利润。

2. 供应链因素

在电子商务选品过程中，供应链因素也起着十分重要的影响作用。如今，在电子商务竞争过程中，供应链牢牢占据着核心地位，电子商务业务的成功离不开供应链上下游的打通。电子商务选品恰好贯穿于整个供应链的上下游。在电子商务选品的时候，要确保供应链上下游的通畅。如今，很多个体商家在某个平台上进货，然后进行售卖，这种进货方式就不占有优势。商家在选品时，要确保有良好的上游供应商资源。具体来说，主要应满足 3 个条件：首先，商家需要确保采购商品时有价格优势，这样才能在之后销售商品时更好地把控好商品的定价，获得更高的利润，当然对于那些原本就有生产工厂的厂家来说，他们则要在生产环节降低生产成本；其次，商家要采购质量较高的产品，这样才能够营造一个好的品牌形象，吸引消费者的注意力，使消费者更加信赖自身，形成自身品牌的忠实顾客，并源源不断地获取更多新顾客；最后，商家要选择供货能力比较强的供货商，与之建立稳定的合作关系，这样可以避免供货过程中发生的一系列问题，确保货源稳定。为了确保供应链下游能够做好商品的销售工作，商家在选品的时候就要选择更加契合市场特点的、有足够大的销售市场的产品，在这个基础上还要尽量提升选品的深度和宽度。

3. 市场因素

在选品的时候，市场因素也是一个十分重要的影响因素。商家要了解产品自身的市场容量，尽量选择市场容量比较大的产品，以获得更高的销售量，同时还要做好市场分析，如行业数据分析和竞争对手分析等，以了解竞争对手的优劣势，预测行业发展前景。如今，电子商务中选品变得越来越重要，社会上出现了许多帮助商家选品的平台，这些平台都有着各自的后台数据分析系统，能够更加全面细致地帮助选品人员做出更加正确的决策。例如，有一个比较著名的电子商务平台，在这个电子商务平台的选品功能中可以发现不同类目产品的浏览量、访客量、支付订单数、支付金额各自的占比情况及供需指数，另外，在电子商务平台的后台数据中还能够看到不同关键词的点击量、展现量、转化率、竞争指数、目标国家及蓝海市场等数据，便于商家对这些数据展开分析研究，从中选择出热度高、销量高、竞争小的商品。

二、电子商务选品的思路和要点

（一）电子商务选品的思路

在把握网站定位的前提下，研究需要开发产品的行业情况，获得对供需市场的整体认识；借助数据分析工具，进一步把握目标市场的消费规律，并选择正确的参考网站，结合供应商市场，进行有目的的产品开发。

1. 网站定位

网站定位，即明确网站的目标市场或目标消费群体，产品专员要通过对网站整体定位的理解和把握，选择适合的品类进行研究、分析。网站定位对产品集成的要求主要体现在以下两个方面。

（1）宽度方面

拓展品类开发的维度，全面满足用户对某一类别产品不同方面的需求，在拓宽品类宽度的同时，提升品类的专业度。在开发产品时，应考虑该品类与其他品类之间的关联性，提高关联销售度和订单产品数。

（2）深度方面

每个子类的产品数量要有规模，品相要足够好；产品要有梯度；要挖掘有品牌的产品进行合作，提高品类口碑和知名度；要对目标市场进行细分研究，开发针对每个目标市场的产品。

2. 行业动态分析

从行业的角度研究品类，了解中国贸易中该品类的市场规模和国家分布对认识品类的运作空间和方向有较大的指导意义。目前，了解某个品类的贸易情况主要有以下途径。

(1) 行业或区域市场调查报告

第三方研究机构或贸易平台拥有独立的行业研究团队，具备全球化的研究视角和资源。因此，它们发布的研究报告往往可以带来较系统的行业信息。

(2) 行业展会

行业展会是行业中供应商为了展示新产品和技术、拓展渠道、促进销售、传播品牌而进行的一种宣传活动。在参加展会时，商家可以获得行业最新动态和企业动向。

(3) 贸易公司或工厂

在开发产品时，产品专员需要与供应商直接沟通。资质较老的供应商对所在行业的出口情况和市场分布都很清楚，通过这些供应商，产品专员可以获得较多有价值的市场信息。需要注意的是，产品专员需要先掌握一定的行业知识，再与供应商进行沟通。

3. 区域化用户需求分析

结合网站定位，并借助第三方信息（研究报告、行业展会等）及网络分析工具进行区域化用户需求分析。

4. 数据分析工具

从数据来源看，数据分为外部数据和内部数据。外部数据是指企业以外的其他公司、市场等产生的数据；内部数据是指企业内部经营过程中产生的数据信息。要想做出科学、正确的决策，商家需要对内部数据和外部数据进行充分调研和分析。

(1) 外部数据分析

灵活综合运用各个分析工具，全面掌握品类选型的数据依据。通过谷歌趋势（Google Trends）工具分析品类的周期性特点，把握产品开发先机；借助关键词搜索（Keyword Spy）工具发现品类搜索热度和品类关键词，同时借助人工智能助手（如 Alexa），选择出至少 3 家竞争对手网站，作为对目标市场产品分析和选择的参考。

(2) 内部数据分析

内部数据是已上架的产品的销售信息，是我们选品成功与否的验证，也可指导以后的选品方向。通过 Google Analytics（Google 公司提供的数据分析工具）分析工具获得已上架产品的销售信息（流量、转化率、跳出率、客单价等），商家可以分析哪些产品销售得好，从选品成功和失败的案例中逐步积累选品经验，结合外部数据，一步步成为选品高手。

（二）电子商务选品的要点

1. 确定商品线

零售商品销售的前提是必须有现货，而且必须拥有稳定的货源而不是等客户下单了才找货。在有现货的基础上，建立自己的商品线就是头等大事了。商品线的设置决定了卖家的目标客户群、销售渠道，决定了竞争对手，决定了企业成本，也决定了平台（公司）的盈利能力。商品线是平台生存的关键。只有能给平台带来利润的商品才值得放进平台商品线。

在组建商品线时，商家可以简单参考这样一个比例，20%是引流商品，20%是高利润商品，也就是核心商品，其他是常态商品，即补充性 SKU（库存保有单位，一般指最小库存单位），互相配合。当然，商品线的选择不是一次性到位的，只有根据平台的销售情况，不断调整优化，才能形成合理的商品线。在此期间，平台会更加了解商品的行业情况，了解竞争对手在这些品类上的动态，关注对手的 SKU 变化、价格变化，保持竞争力。更重要的是，商家可以通过行业和店铺的热销品牌、商品，对品牌、商品进行综合对比分析，以找到最合适的供应商。

品牌是重要因素，好的品牌可以带来更多的销量和关注度，甚至可以带动店铺内其他品牌、单品的销量。因此，不能忽视品牌的重要性。若想提高销量，就必须紧盯热门类目和单品。若要选择稳定和获得更高利润，可以多关注一些冷门品类和长尾非标单品。

2. 确定目标客户群

商品线确定好之后，要了解目标客户群，了解他们的消费特点，了解他们喜欢什么样的品牌，以及这些品牌在该市场的占有率，同时了解竞争对手如何布局同类商品线。另外，必须了解目标人群的地域差异、性别差异、年龄差异、收入差异等。

3. 寻找独特产品

以精细化、差异化为出发点，寻找独特的产品。日本、韩国等国家的很多性价比非常高的非标类的长尾商品就是不错的选择，虽然这些商品目前在国内名气很小甚至不为人知。选品一定要有前瞻性，商家要研究未来 1～3 年哪些品类可能会爆发、哪些商品可能会进入销售生命期的高峰，如个性化定制的商品未来一定会有长足的发展。因此，必须想办法做到差异化、精细化。选品的过程越用心，将来面临的竞争就越小。

4. 关注税改和正面清单

近几年，电子商务成了奶粉、尿不湿、低价位日韩化妆品的代名词。因为这些商品的税率最合适，重复消费率最高，是最能拉动流量的单品，也是存在较大套利空间的商品。如果电子商务税收新政策落地，预计电子商务税务负担成本将增加20%~30%，而这些税收成本都将转化为商品交易成本，由消费者承担。这将对选品造成极大的冲击。税改政策的出台将引起新一轮电子商务领域的消费升级，电子商务选品将从低价转向高价，爆款难再现，非标长尾商品将风光无限。

三、电子商务选品的原则与方法

（一）电子商务选品的原则

1. 需求导向原则

电子商务过程中商品的交换，就是交易双方通过市场经济活动分配和交换，获得满足自身期望，与自身生理、心理、精神等各个层面上相符合的“物”的过程。从这一方面来看，电子商务能够从根本上满足人们的需求。因此，在选品的时候，要切实贯彻需求导向原则，选择能够符合人们期望的产品，这也有助于促进价值与使用价值的有效交换，推动市场经济活动的有效运行。商品必须满足市场需求才能够被卖出去，否则就会积压库存，影响资金的周转。简单来说，不符合市场需求的产品无法带来订单，不能实现有效交易；只有符合市场需求的产品才能够实现有效交易，为商家带来可观的订单。因此，电子商务选品的时候切记要遵循需求导向原则，这是十分重要的。要遵循需求导向原则，就要搞清楚市场上的需求导向是什么，这样才能选到与之相契合的产品。例如，市场中季节性需求成为重要的需求导向，因此电子商务卖家要抓住这个需求，选择符合需求的产品，从而获取更大的利益。

2. 高质量原则

在电子商务选品的时候，还需要遵循高质量原则。通常，市面上的产品质量良莠不齐，无疑是质量高的商品更容易受到消费者的喜欢，消费者所获得的消费体验也更好，口碑好的电子商务品牌也会获得消费者的信赖。如果商品质量不高，那么消费者就会给予差评，不仅会损失掉一部分顾客，还会影响新顾客的选购。

3. 高质量服务原则

在电子商务选品中，高质量服务原则也是十分重要的。尽管电子商务没有消费者与销售员之间的面对面交流，消费者直接在网络平台自行购买下单之后，直接在家里等待收货即可。但是，电子商务中服务仍旧是存在的，只是它主要存在于线上问答、物流跟踪、安装服务上门、售后服务、增值服务之中。物流服务是电子商务服务的重要组成部分，消费者下单之后，有时候会在平台上查看物流信息，以确认其是否及时发货，估算到货时间。高效的物流服务可以使顾客享受到更好的消费体验，起到锦上添花的效果。

4. 性价比原则

对于消费者来说，其在购买商品时往往会考虑其性价比，即综合考虑商品的性能、价格和质量，然后选择性价比高的产品。如果在某个商家那里选择了性价比比较高的产品，那么消费者就会对其产生一种信任感，之后也就更加愿意购买该商家的产品。

5. 利益原则

上述电子商务选品的原则，归根结底都是为了维护消费者的利益。对于消费者来说，他们所选择的商品就是符合自己需求的商品，遵循利益原则，切实维护消费者的利益，以消费者的利益为中心，为消费者提供指向性和针对性比较强的售前、售中及售后服务，这样能够增加交易的成功率。另外，在电子商务发展过程中，不仅要维护消费者的利益，还要维护电子商务平台的利益。

（二）电子商务选品的方法

1. 根据资源定位选品

对于绝大多数电子商务卖家来说，最难的就是“我要卖什么商品”。销量大的商品，竞争店铺太多；价格高的商品，销量又上不去；太小众、长尾的又怕找不到客户。实际上，卖家在选品时要先对自己有清晰的定位，即了解自身的资源。

如果有雄厚的资金，卖家就可以大批量采购工厂货品；如果是中小卖家就尽可能选择自己熟悉的品类或有良好货源的品类。同时，还要考虑公司资源储备方面是否有优势，如要进入母婴类，公司有没有母婴商品的经营经验，公司的主要负责人有没有相关的从业经验就很重要。另外，卖家要从影响买家购买的因素加以考虑，即物流速度、价格、服务和质量。因为品类的选择直接决定着价格、物流方式等。

2. 根据平台模式选品

具体选择何种商品，不同平台也会有所区别，这与平台的特点及规则有一定关系。以供应链见长的电子商务，其布局较早，在货品选择、销售上更具优势，这类平台主做精品。以流量见长的企业，其平台的流量很多，可以将用户流量转变为购买力，这类平台的卖家在选品广度、深度、宽度等方面都有比较丰富的经验能够通过社区反馈的需求来精准选品。总之，卖家应根据平台的模式来决定商品线的宽度和深度。

（1）商品线宽度

必须做好充分研究，拓展品类开发的维度，全面满足用户对该类别商品不同方面的需求。在拓宽了品类宽度的同时，提升品类的专业度。在选择商品时，卖家应考虑该品类与其他品类之间的关联性，提高关联销售度和订单商品数。

（2）商品线深度

每个子类商品数量要有规模，品相要足够丰富；商品要有梯度（如高、中、低 3 个档次），体现在品相、价格、分量等方面；挖掘有品牌的商品进行合作，提高品类口碑和知名度；对目标人群进行细分研究，开发针对多个目标人群的商品。

3. 根据客户需求选品

零售 B2C 或海淘 C2C 的模式都以消费者个性化需求为核心之前，大部分电子商务存在同样一个情况，就是消费者并不能指引卖家，而是卖家指引消费者。

从用户需求的角度看，选品要满足用户的需求，如带来生活便利、消除痛苦等方面的心理或生理需求。从商品的角度看，选出的商品要在外观、质量和价格等方面都符合目标用户差异化需求。由于需求和供应都处于不断变化之中，选品也是一个无休止迭代的过程。在网购时，用户选择的商品具有明显的趋向性，化妆个护类、母婴用品类、食品保健类等对安全和品质有较高要求的品类是海淘者的最爱。

4. 根据竞争对手选品

了解客户需求以后，还需要评估竞争情况，此时需要考虑两个方面。一方面，商品质量是否具备竞争力。竞争对手的平台质量如何、是否能够提供更好的购物体验、是否能够提供更广的选择范围、定价是否有竞争力、物流速度如何，在进入某个品类的商品之前，需要仔细考虑上述问题。如果卖家不能提供有力的理由说服消费者，那么其商品就没有竞争力。另一方面，要从搜索引擎的角度看。现在，零售独立平台的引流主要靠搜索引擎，客户搜索的某个具体商品甚至会被搜索引擎引导到竞争平台上，因此需要从搜索引擎优化（SEO）的角度了解对手的网站平台是否具有较大优势、平台搜索结果能否出现在第一页。一般来说，如果发现已经有很多平台占据了搜索引擎第一页，那么就说明这个领域中有很多强劲的对手，从此处着手，就会有很多困难。选品也一样，关键看是否能给客户创造出独特价值。因此，卖家可以先选择某一个小的品类，成为业内龙头，然后就有可能与大平台竞争。

5. 根据客户端选品

选择的商品最终在移动端还是在PC端销售，和选品的决策也有重大的关系。移动设备显示屏相对较小，能展示的信息有限，因此在移动端上是无法进行价格比较的。在移动平台上，通过低价商品博得更多关注的概率比其他平台小很多，所以卖家在选品方面不能一味地选择低价商品，要学会区分哪些品类和价位的商品适合在移动端或PC端销售。

四、基于大数据的电子商务选品策略

随着互联网的逐渐普及，电子商务也逐渐进入人们的日常生活中，迅速发展起来。对于电子商务平台来说，影响其发展的一个重要因素就是选品质量，只有选择合适的产品，才能促进电子商务平台的发展。因此，电子商务平台的选品工作十分重要。如今，大数据应用得越来越普遍，将其应用于电子商务选品之中，需要做到以下工作。

（一）积极研发新产品

电子商务平台面临的内外市场十分复杂，涉及层面较广，在电子商务选品时往往也十分复杂，尤其是新产品的研发工作，难度较大，研发周期比较长，产品的研发过程也容易受到外界环境变化等因素的影响，从而导致半途而废或直接失败。

在进行新产品研发时，可以运用大数据技术，这样可以得到更加准确的分析结果，更好地进行积极研发，避免某些不良现象的发生。第一，利用大数据技术对用户比较感兴趣的热点产品、热点事项等进行分析研究，了解用户真正喜欢的产品是什么样子的、有哪些特点，同时还可以通过行业杂志、电子商务平台、影视媒介等渠道挖掘用户的新需求，从用户角度出发，了解用户的想法，从而获取研发新产品的灵感。第二，通过数据分析工具将那些用户感兴趣的产品的关键词提炼出来，然后对其进行深度剖析，找到其中新的关键词，这将为新产品的研发提供方向。第三，进行市场调研，了解新产品的市场，然后确定新产品是否进行研发与推广。例如，对现在市场上产品的销量进行分析，然后了解市场对产品的需求量；调研产品的历史价格，然后通过图像的形式将其展现出来，清晰直观，一目了然，对产品的价格走势进行分析判断；了解市场上同类产品的销售排名，从而明确市场上同类产品的市场竞争度大小等。第四，测算新产品的市场容量，明确新产品的发展空间是否足够大。第五，做完以上步骤之后，就可以进行新产品的创造了。由于市场瞬息万变，消费者的需求与兴趣热点在不断变化，必须加快新产品的研发周期，以确保其能够尽快进入市场。第六，当产品研发成功之后，便是生产与进入市场了。在生产产品时，不要急于生产很多产品，因为如果产品并不像预期调研的那样受到消费者的欢迎，很容易就会导致产品积压浪费。在生产产品时，可以先小批量生产，然后投放到市场中，进行市场验证，观察市场上的反应。经过市场验证之后，如果反响比较好的话，那么就可以适当地扩大生产，生产大批量的产品再次投放到市场中，如果发现产品中存在着一些瑕疵，那么就要对产品进行改进或升级，以使其更加符合消费者的需求，从而为商家带来更高的收益。

（二）对已有产品进行二次开发

在电子商务选品时，尽管研发新产品是一个不错的办法，能够帮助人们获得市场，但是它并不是唯一的办法。针对已有的产品进行二次开发，拓展新市场、开发新用户，因地制宜地进行科学选品，也能够使商家获得较高的利润。实体商店通常面对的是某个特定区域内的人，而电子商务平台面对的区域范围较广，不受任何空间的限制，在国外也有一定的市场。但是，不同国家、地区的人的文化、习俗等都存在着一定的差异，这也使得不同区域的人们的消费观念、消费偏好有着很大的不同。要在这些不同国家、区域内做好产品销售工作，就要了解当地的基本情况，做好市场调研、产品分析，明确不同市场的需求，这就需要用到大数据技术对其加以分析。例如，我国如今很多城市是使用空调来使得人们在夏天更加凉爽，但是在其他国家和地区，电风扇是他们在夏天使用的主流电器，因此电风扇在这些国家中有着较大的发展空间。利用谷歌趋势分析工具进行数据分析，可以发现，搜索“电风扇”关键词量最大的是菲律宾。因此，在大数据背景下，电子商务平台选品时要运用各种数据分析工具对其进行分析，了解具体情况后因地制宜地进行科学选品，这样才能够提高销售量，获得较高的利益。

第三节　数据化运用体系流程及其作用

与传统商业模式相比，电子商务在运营效率及经济效益上都有显著提升。不同的交易主体通过电子商务平台可以有效完成支付、结算及配送等多个流程。因此，目前电子商务也成为较受关注的国际商业活动。随着全球一体化的不断推进，计算机技术和互联网技术也在走向成熟。在这样的背景下，电子商务应进一步掌握我国政府的政策红利导向，促使电子商务在外贸与税收的支持下得到更显著的发展。

一、电子商务数据化运用体系流程

产品运营离不开数据，因为数据可以帮产品运营者分析和反馈信息，也可以帮产品运营者认识到不足。如今是数据时代，每个企业都讲究数据，每个产品也都讲究数据化运用。数据化运用已经成为有经验的产品运营者的必需品。随着互联网、媒体、用户、市场的发展变化，企业产品运营逐渐由粗放式走向精细化，以实现广告投放效率最大化。数据分析的好处在于可以对目标用户群体或个体进行特征画像追踪，分析用户在某个时间段的特征和习惯，为用户提供专属服务。数据化运用并非口号，而是有实际的流程，主要分为以下 4 步。

（一）数据收集

数据收集是产品数据分析的第一步，也是整个数据化运营的基础。数据收集伴随产品运营全过程。无论是初级阶段还是中级阶段，无论是测试还是评估，都要用到数据收集。产品运营以用户为核心，数据收集的重点是收集用户的需求数据。数据收集方法主要有问卷调查、用户访谈、提问答卷、数据工具等。产品运营者要设计一系列有针对性的问题，通过互联网等方式大面积对消费者进行调查，最终导出特定信息，完成数据收集。

（二）数据处理

产品运营者收集完产品数据，接下来的工作就是数据处理。数据处理就是对数据进行存储、检索、加工、变换和传输。其基本目的是从庞大的数据中获取对产品运营起到帮助的数据。如今，数据处理不再是采用人工处理的方法，而是有专门的工具及各种各样的数据处理方法。但是，无论使用哪一种数据处理工具和方法，都需要遵循以下原则。

1. 简约原则

在处理数据时，产品运营者要选择有用的数据，丢掉那些没有意义的数据。按照简约原则对数据进行简化，这样处理过的数据才是精炼和有分量的。

2. 定义原则

产品运营者需要对不会说话的数据进行定义。换句话说，所收集到的大数据究竟代表了什么，需要给它下一个定义。这就要考验产品运营者的感悟、分析、推理、判断和阐释等能力。只有对数据下了定义，才能挖掘出数据背后隐藏的真正有价值的信息

（三）数据分析

数据分析是数据化运用的核心环节，主要是指用适当的统计分析方法对收集来的大量数据进行客观分析，提取有用信息，形成结论，并对数据加以详细研究与概括总结。

我们可以用“5W2H 法则”进行数据分析。“5W2H 法则”，即做这件事的原因（why）、具体做什么事（what）、什么人去做（who）、什么时间去做（when）、在什么地方做（where）、怎么做（how）、做到什么程度（how much）。这个法则应用相对广泛，可用于用户行为分析、业务问题专题分析、营销活动分析等，对产品的决策和执行性的活动措施能起到非常大的帮助，也有助于弥补一些数据缺失和缺陷。

产品运营者还要强化和分析用户行为数据，主要从用户对产品的认知、熟悉、购买过程出发。在这一方面，产品运营者可通过用户行为理论，梳理各关键指标之间的逻辑关系，构建符合实际业务的分析指标体系。

（四）数据展现

在完成数据分析之后，接下来要把分析得到的数据通过某种方式展现出来。数据展现非常关键，只有展现得当，企业才能快速得到准确的信息。在通常情况下，数据展现采取的是可视化方式。

数据可视化是指把每一个数据项目作为单个图文元素表现出来。这样一来，企业就可以从不同的维度观察产品数据，从而进行更深入的观察和分析。同时，产品运营者要将数据导成图片展示出来。常见的数据展现模式有柱状图、饼状图、折线图、雷达图等。

二、电子商务数据化运用体系作用

对于电子商务企业来说，数据化运用体系的定位可以概括为企业运营的指挥系统、智慧运营的中坚力量。作为企业运营的指挥系统，数据化运营体系能全面操盘数据在产品优化、用户增长等方面的应用，做到运筹帷、决胜千里，指导企业在产品、内容等方面的优化和提升。作为智慧运营的中坚力量，数据化运营体系能从人力资源、技术平台等方面保障应用的落地，是推进运营智能化升级的核心力量。在企业转型过程中，数据化运营体系的作用体现在以下 4 个方面。

（一）释放数据价值

数据化运用体系将数据融入产品、用户、活动等方向的场景中，以数据钥匙的形式解决了这些场景中存在的问题，而这些问题实际上就形成了释放数据价值的通道。

（二）让决策更科学

数据化运用体系彻底改变了电子商务企业的运营决策模式，使企业不再依靠拍脑袋、凭经验或头脑风暴的方式来制定运营决策，而是通过数据测算、验证和分析的方式来剖析问题、输出决策。这样的决策是科学可靠的，是经得起实践考验的。

（三）让决策更高效

数据技术的加持缩短了电子商务企业的决策流程，让企业能够准确地对市场形势做出预判，从而迅速调整营销策略。企业通过数据分析可以把握商机，更灵活快捷地对用户的需求做出响应，从而在激烈的市场竞争中赢得先发优势。

（四）让运营更智慧

数据在用户运营、产品运营等领域的应用是数据化运用体系的重头戏，在数据的催化作用下，产品运营、用户运营等将变得更加“聪明”。数据驱动运营其实就是数据为运营装上智慧的大脑，有了更高的智商后，电子商务企业的运营将更加智慧。

第四节　数据分析驱动下的营销推广

一、大数据电子商务营销概述

随着互联网行业的不断发展，电子商务模式变得越来越流行。与实体商业模式相比，电子商务模式更加便捷，从生产、物流到销售等都变得更加简单，卖方市场逐渐向消费者倾斜。在线上进行交易，交易双方不必约定交易地点，直接在第三方提供的交易平台中进行交易即可，消费者足不出户便可以在各大品牌商店中购买自己想要的商品，这种互联网信息技术中的应用模式突破了时间与空间的限制，实现了电子商务营销网络的全面覆盖。这种电子商务营销模式能够有效控制交易双方的各种信息，规避可能会发生的各种风险，同时还能够最大限度地确保交易双方的权益不受损害。电子商务营销模式离不开大数据技术，借助大数据技术，它还能够对消费者消费过程中的数据进行全面分析，并将这些数据反馈给商家，让商家根据这些数据更加清晰地了解消费者的消费行为，从而进一步确定消费者的心理需求，然后规范并改进自身的产品与服务，使之符合消费者的心理需求，尽可能满足其需要，增加销售量，提高自身的经济效益。

电子商务营销创新是一种商业营销创新模式。在市场潮流中，能否真正成为中国电子商务合作的重要标准，主要看能否增加用户对品牌产品质量的信赖和体验感。因此，电子商务合作的这种营销模式必须以人为本。

二、大数据分析对电子商务营销产生的影响

近年来，大数据技术发展的成果，有效地促进了电子商务平台的发展。具体来说，大数据技术对电子商务营销产生的影响主要包括两方面。一方面，大数据技术对平台交易行为加以分析、汇总，能够更好地将消费者的消费行为明晰地展现出来，了解消费者的消费喜好，准确判断其前瞻性消费行为，当消费者再度进行购物的时候，平台就可以给消费者推荐更加符合其兴趣的商品，提供给消费者更加高质量的服务。不过，在利用大数据技术分析消费者的消费喜好的时候，要注意一点，那就是要对大部分的人群进行分析，确定好大部分人共同的消费需求，然后加以满足，这样更加准确，因为消费者也可能会因为偶然因素进行消费，这种消费模式没有具体的参考依据，不足以成为判定消费者整体走向的影响因素。

另一方面，大数据技术能够对消费者的浏览信息进行统计分析。这样，电子商务企业就可以根据大数据分析的结果了解消费者的喜好，然后据此来设置定制化的内容，吸引消费者的注意力。因此，必须对传统的商业营销模式加以改变，才能更好地进行营销，使消费者更加有兴趣地浏览、购买商品。大数据分析技术还能够对消费者的实际购买行为进行有效记录，通过总结、分析来了解其中的内在规律，做好商品的推送工作，从而激发消费者的购买欲望，增强商品的销售量。

三、大数据分析对电子商务营销的促进作用

（一）提高信息安全保障服务

与传统的线下购物模式相比，在网上进行购物，消费者的姓名、电话、住址等信息更容易被泄露，给消费者带来一定的不便。为了保护消费者的隐私信息，必须加大对消费者信息的安全保护力度，而大数据分析技术能够提高信息安全保障服务，保障消费者的信息安全，从而实现网络商家的长久运营和持久发展。

（二）提升应变能力

无论是对企业来说，还是对个人来说，有应变能力都是十分重要的，而大数据分析恰好能够满足这一需求。企业能够通过大数据技术收集各个行业的信息，还能够收集消费者的信息，然后通过对这些信息进行分析，不断地对自身产品和技术加以改革创新，提高自身的适应能力，获得更高的利益。消费者也能够按照自己的喜好筛选自己感兴趣的商品，有针对性地购买。

（三）改变营销模式

对于企业来说，要想在市场竞争中占据主要地位，实现发展，就要不断创新，跟上时代发展的脚步，满足新形势下消费者的需求。大数据分析就实现了对传统企业的营销模式的创新，拓展了互联网企业的发展空间，促使其可以得到进一步发展。

（四）精准数据服务

如今，越来越多的消费者喜欢在网上购物，在大数据时代，要吸引消费者的注意力，提高成交量，很重要的一点就是要改变传统的营销模式，做到精准数据服务。要对消费者的消费行为数据进行分析，了解消费者的喜好，然后推送给消费者更加符合其喜好的商品，吸引消费者的注意力，尽可能地满足消费者的需求，

以提高点击率和成交量。另外，在数据分析的过程中，电子商务企业还要找到适合自身的营销方案，朝着电子商务营销方向不断前进，实现自身的长远发展。

（五）改善用户体验

与传统营销模式中的路牌广告相比，电子商务营销模式对消费者的态度更为友好，通过对消费者的购买喜好数据等进行分析整合，它能够向消费者推荐其更加感兴趣的商品，提升消费者的消费体验。因此，对于现阶段的电子商务企业来说，为了扩大原市场，吸引更多的潜在客户，电子商务企业要使用大数据分析技术全面探究消费者的需求，选择不同的营销方案，使消费者感受到最好的用户体验，从而提高购买量，使电子商务企业获得巨大的经济利润。

四、数据分析驱动下的精准营销策略

（一）找准市场定位

在数据分析驱动下，要实现精准营销，电子商务企业就必须根据当前的市场环境、客户需求及自身的实际情况找准市场定位。要找准市场环境、客户需求等相关信息，就需要借助大数据技术来实现，它能够为电子商务企业的市场定位提供数据支持。电子商务企业要对同类电子商务的资料进行全局性分析，了解市场上同类电子商务企业的相关信息与市场变化，还要仔细研究客户数据，了解客户的实际需求，然后建立相应的用户数据体系、市场体系等，再结合电子商务企业自身的具体情况找准市场定位，开展市场测试工作，继续对企业市场定位的准确性进行分析。

（二）合理增加客户受众量

由于大数据背景下数据的流通与转接比较方便，电子商务服务的营销涉及范围较广，在各个平台上都可以看到广告信息，涉及的营销平台也比较多，在这种情况下，电子商务企业就必须扩大电子商务营销的覆盖面，在多个方面覆盖电子商务营销相关内容，以确保电子商务营销能够被更多人所知，合理增加客户受众量。另外，还要对传统的电子商务营销模式进行改革，以吸引更多人的关注，减少资源浪费，提高企业的知名度。

（三）精准投放网络广告

在传统的营销模式中，广告的呈现载体主要是路牌、杂志、广播、电视等，而在互联网时代，广告主要通过排名搜索等直观形式表现出来。要实现精准营销，就要保证网络广告的精准投放。首先，在投放网络广告的时候，针对网络广告的外部资源与内部资源要进行合理利用，确保其能够发挥出最大的价值。其中，外部资源就是指合作伙伴的资源、专业的广告服务商空间的购买等；内部资源就是指企业自己创造、积累的资源。其次，针对网络广告预算进行合理控制，确保一分预算一分价值，每一分预算都能够落到实处。再次，在投放网络广告的时候，还要注意投放密度，要确保投放密度适中，以免浪费成本。最后，在利用新媒体平台投放网络广告的时候，可以借助大数据技术对客户进行分类，选择实际需求与企业产品相符合的客户进行精准投放，这样更加有效。例如，利用新型的网络广告形式在快手、抖音等平台上投放广告，可以使更多的客户接收到产品的信息及服务内容。[①]

（四）提供个性化产品或服务

随着生活水平不断提升，消费者越来越渴望个性化的产品或服务。在这种背景下，电子商务就需要深入分析消费者的消费喜好和内心需求，为他们提供个性化产品或服务，这样才能够获得大多数消费者的认可。不过，对某一类别的客户提供个性化产品或服务的成本比较大，这就需要用到大数据技术，利用大数据技术分析客户需求与喜好之后，就可以对客户进行合理分组，之后就可以为同一个组的客户推送特别定制的信息，组织客户活动，使之亲身体验个性化服务，满足其个性化需求。

另外，电子商务企业还可以利用人工智能来集中处理信息，从而改变传统的消费环境，刺激消费市场，优化整个电子商务模式。在大数据时代，电子商务营销固然十分有效，可若是其中的数据信息发生了差错，那么电子商务营销不仅无法起到它应有的效果，还有可能会导致更加严重的后果。因此，要做好电子商务营销，就要对整个营销过程进行全面把控，尤其是要避免某些不可预见的因素和风险的发生，要处理好常规信息，优化电子商务环境，做好风险不可预见性因素分析，使得数据信息更加准确可靠，这样才能够更好地实现经济效益的最大化。

在大数据信息时代，还要充分使用云服务器提高云储存、云计算能力，这是一种综合信息分析能力，在电子商务平台中，店铺商家和消费者可以对若干信息进行筛选，直接筛选出自己最感兴趣的信息，并实现信息的云存储。同时，电子

① 王丽娜，俞湘蝶，王思佳，等．大数据背景下区域旅游精准营销策略研究[J]．数码世界，2020（2）：245.

商务平台中还具有引人关注的一键收藏模式，可以直接收藏平台上的商品，实现定制化的消费信息。与之前的营销模式相比，现阶段的电子商务营销更加个性化，也更加先进，不过，它并不是完美无缺的，还存在着一些问题，可以利用操作系统、虚拟服务器、云计算等，对某些高级别的服务进行功能分析和功能再造。同时，利用哈系数算法还能够满足不同层次、不同客户的需要，这有效促进了电子商务营销的进一步发展。

第五节　基于大数据的电子商务运营案例分析

本节以亚马逊为例，来进行基于大数据的电子商务运营分析。

一、亚马逊公司简介

1995 年，杰夫·贝佐斯（Jeff Bezos）成立亚马逊公司。起初，它只是一间小小的网络书店，随着时间的推移，互联网变得越来越普及，亚马逊公司也逐渐崛起，成长为全球第二大互联网公司，并成为全球商品品种最多的网上零售商。如今，亚马逊公司已成为一家十分典型的 B2C 电子商务公司。

自从 1995 年被创立起来，随着时间的推移和社会的发展，面对社会产生的极大变革，亚马逊公司也在经历转型与战略性调整。亚马逊公司改变了原有商业供给者、运输业者、流通业者等形成的相互依存的结构，积极改善各角色之间的相互关系，由此获得了快速成长。亚马逊公司以网络销售书籍为起点，之后又将业务扩大至一般商品的流通，还创造了电子书阅览器和智能音箱，形成了新的商业构造和生态系统。除了在流通领域占据高地，亚马逊公司在 IT 领域以提供的亚马逊云计算服务（AWS）为主导，同样占领了数据信息的高地。

亚马逊公司制定了电子商务战略之后，开始采取多元化、多渠道的模式，在直邮、保税区、进口直采 3 个方面都已经有完善的布局。亚马逊公司在全球有多个业务站点，并构建了辐射上百个国家的物流体系。2014 年 11 月，亚马逊公司向中国正式发布“海外购”，开始升级的全球开店项目已经向中国卖家开放其中最重要的 10 个站点，为卖家们提供了具有价格优势的物流、减仓、全球售后等全生态链服务，也为中国消费者提供了具有吸引力的价格和高品质的海外商品。同时，亚马逊公司全面优化海外网站客户的购物体验，包括优化购物车、统一账户登录、本地化的多元支付方式。

亚马逊公司在电子商务领域有着强大的发展潜力。然而，真正推动亚马逊公司业绩发展的还不是它的电子商务业务，而是 AWS。AWS 为亚马逊电子商务提供了有效的大数据技术支持和深厚的经济基础支持。

亚马逊公司可称得上是电子商务中将“解放数据生产力”执行得很彻底的企业，其典型模式是“以数据驱动运营”。亚马逊公司的很多重大决策是以大量数据的分析结果为基础的，如通过对用户数据的统计分析做出预测，向商家定制某种价格区间下的特殊性能商品，专供亚马逊并往往获得热卖。亚马逊公司长期以来在云计算、在线零售、平板电脑等业务上，都致力于通过数据分析捕捉客户需求。作为“在线零售商”的亚马逊公司，将视野更多地投向苹果和谷歌这样的科技公司而非传统零售商，并把两者当作自己的竞争对手。

亚马逊公司成功的核心在于构建了大范围的数据库，从而大大降低了流通和库存费用，构筑了多样的顾客服务系统等战略。同时，亚马逊公司还坚持了“顾客至上”的企业文化，以满足顾客的需求为目标，努力成为顾客心目中能够快速及时地提供所需商品的企业。

二、基于大数据的亚马逊电子商务运营分析

（一）贯穿供应链的高效物流系统

亚马逊公司有着贯穿供应链的高效物流系统，它也是最早在物流仓储管理中使用大数据、云物流及人工智能技术的电子商务企业，它的物流系统遍布世界各地，为世界各地的人们更加方便地获得所购买的商品提供了保障。

为了确保供需，亚马逊平台常常与供应商之间保持着实时联系，它可以通过对众多供应商之间的邻近度进行分析研究，然后仔细对比，最终选择距离比较合适的仓库，并且通过对商品存货需求和数据追踪结果的分析研究，确定好当日配送还是次日配送，同时还能够确定好配送的时间、路线、产品分类等，从而降低配送成本。亚马逊主要在以下几个方面应用到大数据。

1. 订单及客户服务的精准预测

通过运用大数据技术，亚马逊能够做到端到端的电子商务服务需要，精准预测订单及客户服务，从而给予顾客完美的消费体验。具体来说，它主要包括用户浏览、仓储运营、配送、售后 4 个方面，这 4 个方面都离不开大数据技术。通过整理分析用户的浏览痕迹，亚马逊能够进一步预测用户需求，然后向用户推荐更符合其需求和喜好的商品，提高消费者的购买欲望。利用大数据技术可以对仓库

中商品的储存情况进行分析，然后按照消费者的地址从仓库中将商品调拨到距离消费者最近的分拨中心，按照消费者的订单进行分拣、包装、发货，整个过程都在平台监督之中，消费者可以在家中查看到自己所购买商品的实时处理情况。在向消费者配送商品的时候，可以根据运算系统寻找出最合适的交付路线，并提供配送过程中的最佳配送站点和配送时间等建议，还可以将快递员与包裹进行优化配对，确保线路划分与快递员数量合理，从而减少配送时间，提高配送效率，使得配送更加精准。当消费者收到商品之后，订单便已经完成了，但是之后还有一项十分重要的工作，那便是订单的售后。如果售出商品或平台服务出现了什么问题，要及时处理，另外，亚马逊系统还要根据用户的一系列购买信息，对用户的需求加以预测，同时定向为用户推荐个性化的自助服务工具，使之无论何时无论何地都能够享受客服团队的服务。

2. 采购、库存信息的精准预测

依靠大数据智能化、自动化的供应链管理，系统数据会自动生成采购时间、采购数量等计划，结合仓库存储情况安排分配、调拨和逆向物流等任务。除此之外，智能管理系统还可以实现连续动态盘点，能够覆盖整个库房的收货、发货和退货全过程，使亚马逊的库存准确率、准时发货率和送达准时率分别达到99.9%、100%和98%。

3. 智能算法驱动下的物流作业

有着强大数据算法的亚马逊运营中心后台，允许物流分拣人员随机优化拣货的路径，最优路径的时刻机制比传统作业流程下的拣货行走路径少了将近60%。

4. 商品的随机储存

商品的随机存储指的是商品放弃按照SKU区分的货位仓储，而是将商品混合存放于不同类型的货位内。这样的随机存储基于一定的原则，并且能够使单个货架的商品周转频率加快，促进空间利用和周转速度提升，降低了商品的存储成本。在信息数据管理系统上，亚马逊对拣货和收货过程都保持着连续的数据追踪，时刻记录商品在转运流程中的位置。

（二）品类的动态价格优化

消费者在购买商品的时候除了看重质量，对于商品的价格也十分关注，为了打败其他竞争者，吸引更多的消费者，提高消费者的购买欲望，亚马逊电子商务平台中的商品价格也是在不断变化的。在亚马逊电子商务平台中，不同品类商品价格的动态变化一直处于大数据的调控之中。亚马逊会对商品价格进行定时、定频的调整，这种动态价格策略主要利用的是消费者对于价格的敏感心理，消费者可以关注到亚马逊商品的价格是在变化的，而且有时还会处于全网最低价，这就极大地增强了消费者的购买欲望。这种动态价格策略的制定和调控主要是通过对多种不同来源的数据的分析实现的。例如，消费者对某件商品的偏好、消费者的历史订单、消费者浏览的网页、在面对不同竞争的时候同一件商品的上架定价、仓库中某件商品的存货量等。通过对这些数据进行分析，亚马逊能够确定好哪一件商品应该在什么时候降价、应该在什么时候升价，从而提升消费者的购买欲望，保持自己的竞争力，获得更高的利润。

亚马逊是全球数一数二的电子商务大公司，它的业务遍布世界各地。全世界各国家、地区的人们由于地理位置、经济情况、文化背景、生活习俗等方面存在着不同，他们在购买商品时的消费偏好、心理需求等往往也存在着很大的差别。因此，在对商品价格进行调整的时候，亚马逊还会考虑不同国家、地区人们的购买习惯、关注点等，使之更符合当地人群的消费观念。

（三）以用户为中心的个性化服务

1. 客户关系管理

亚马逊拥有一套完整的电子化客户关系管理系统，它是亚马逊的核心。在这个客户关系管理系统中存储着亚马逊的所有客户资料信息，这便于亚马逊了解目标客户群体，更好地满足客户期望，为其提供个性化服务，并为其各种决策提供依据。同时，它还能帮助供货商了解市场需求，然后制定出合适的企业战略，或者对其企业战略加以调整。

这种合作市场营销战略与客户管理系统，使得亚马逊能够更好地为不同区域的客户群提供多样化的、适合他们的服务。但是，在为不同区域的客户提供多样化服务的时候，会引起一些跨区域管理问题，从而导致出现一些顾客管理方面的漏洞，影响着多样化服务的实现。因此，在选择投资和并购对象的时候，亚马逊往往十分看重他们的顾客管理水平，只有顾客管理水平比较高的公司才能够符合亚马逊的要求，才能够与之进行下一步合作。也就是说，亚马逊不仅着重自身建设系统的内部运营构造和决策系统，还十分看重外部合作伙伴的顾客管理问题。这也是亚马逊具有较高顾客满意度的原因。

2. 个性化推荐与精准营销

（1）个性化推荐系统

亚马逊的个性化推荐历史大约可以追溯到20世纪90年代，从这个时候开始，它便根据客户以往的购物喜好来为客户推荐更符合他们喜好的书籍了。起初，亚马逊利用原始统计方法对客户的数据进行统计分析，然后向客户推荐更符合他们喜好的书籍，不过这种原始统计方法的准确度比较低，无法与现在的先进统计分析方法相提并论。1998 年，亚马逊对个性化推荐系统进行了完善，它申请了从项目到项目（Item to Item）协同过滤技术，并开始在内部使用，来对用户进行个性化推荐。与其他公司相比，亚马逊公司的个性化推荐系统遥遥领先，而其他公司直到 2001 年才开始在服务中应用个性化推荐。可以说，亚马逊公司的个性化推荐系统的发展推动了整个行业的个性化推荐系统的发展。

传统的协同过滤或聚类等技术是利用用户之间的类似性进行计算的，而亚马逊使用协同过滤技术进行计算时，利用的是商品与商品之间的类似性。亚马逊将需要推荐的商品和商品之间的关系进行后端批量处理的提前预算，将需要长时间计算才能得出的数据进行提前预算。这种算法的核心理念是如何定义和分析商品与商品之间的关系，是物品关联算法的升级版。例如，亚马逊的“浏览历史”“为用户推荐”“购买此商品的用户也买了”等，这些都是利用算法所得出的成果，给人们带来了极大的便利。

亚马逊的个性化推荐系统以文本进行连接，多年的发展积累了大量的文本信息，文本组织结构和相关关系相对稳定而成熟。经过了很多改进，亚马逊推荐系统成功地为亚马逊做出了贡献。

（2）智能化管理平台

亚马逊长期坚持的计算机智能化管理平台有效地促进了个性化推荐系统的结构化和非结构化数据的积累。一方面，计算机智能化管理平台可以积累用户习惯等大量的文本数据；另一方面，还可以通过算法及文本关联模型的改造实现对个性化服务效果的提升。亚马逊智能化管理平台能够整理顾客行为类型数据，然后详细分析这些数据，为顾客建立个人反馈包，将有关某一顾客的数据放到个人反馈包中，然后根据顾客个人反馈包中的信息为其提供个性化服务，使其获得完美的消费体验。亚马逊借助这个智能化管理平台收集顾客的浏览、链接点击、购买等信息，然后对其进行智能化管理，同时每小时还会检测是否准确排列热门商品，对顾客的个性化服务运转是否正常等。精密的推荐系统和智能化的管理平台组合在一起，共同使得个性化服务更加优质。

（3）开放式动态收集信息

亚马逊平台是开放式的，每位顾客都可以在这个平台上分享商品相关知识，还能够对商品进行评价打分。每一个顾客在搜索框中搜索的关键词和点击的商品页面都会被记录下来，当顾客再度登录亚马逊网站页面的时候，它就会将为顾客量身定做的相关商品页面展现在他们面前，同时还会给顾客发送电子邮件，从而提高顾客再度在亚马逊购买商品的概率。通过对这些用户信息的进一步分析研究，亚马逊能够对消费者进行一对一的个性化商品推荐，提高营销的实效性。

亚马逊网站上的艺术商店出售近千万种的海报和印刷品，收集用户数据的方法多种多样。例如，按五星制为艺术品打分，关注用户点击放大查看的图片、重复查看的次数、放入购物车的清单、最后购买的商品、关注用户在看一幅绘画的同时查看的其他作品。用户登录网站之后，用户在网站上进行的各种行为都会被记录并保存下来，如浏览记录、打分记录、购买记录等，同时还会将这些录入用户的个人档案中，以便于之后为用户进行个性化推荐服务，使其享受到更好的消费体验。另外，用户注册登录亚马逊后，之前匿名记录的信息也会被补充到现有的用户档案中，以便于更加全面、准确地对用户进行个性化推荐服务。

（4）精准推送商品信息

亚马逊能够根据用户的消费喜好和心理需求精准地推送其感兴趣的商品信息，为其提供个性化服务。当发现消费者感兴趣的某产品有优惠打折信息的时候，它就会及时告知顾客，同时还会将该商品的其他购买者的购买经历及它本身的关注度展示给顾客，从而增加顾客的购买欲望。

现在，亚马逊又有了一项比较先进的服务，即预测式购物，也就是预测消费者的购买行为，然后提前将商品运送到距离消费者比较近的仓库中，当消费者下单后，就可以直接在这个较近的仓库中发货，减少了消费者的等待时间，在市场中具有较强的竞争力。

（四）创造性的用户线下购物体验

亚马逊是一家网络电子商务公司，一开始的主营业务是进行网络上的图书销售。随着时间的推移，其所销售的产品种类越来越多，范围更加广泛。2015 年，第一家线下的实体亚马逊书店设立在华盛顿西雅图市，这是亚马逊对线下零售体验的尝试。在这家实体书店内，商家可以依据网上书店的销售大数据进行针对性备货，这不仅能够给予客户全新的购物体验，还能够解决积压滞销等问题。具体来说，在实体书店中的这种销售模式主要展现在以下几个方面。

1. 提供建议

通过线上收集的销售数据，亚马逊能够向用户展示附近的产品信息，使用户了解周围的产品，便于继续查找。同时，亚马逊还能够根据用户过去的购物历史给用户提供建议，帮助其选择适合自己的产品。

2. 折扣优惠

亚马逊能够记录用户浏览过的商品信息，当该商品有折扣优惠时，它能够通过应用向顾客发送相关通知信息，提醒顾客不要错过。

3. 商品布局

通过对网络上消费者的购买大数据进行分析，亚马逊能够了解消费者的普遍喜好，在实体店中就可以将更加受欢迎的商品摆在最能够吸引消费者注意力的地方。

4. 数字助理

亚马逊实体书店内有一款智能助理 Eeho 产品，这是由亚马逊自主研发的一款数字助理型产品。消费者可以用语音激活它，然后它就可以回答消费者的一些简单的问题，给人们提供良好的咨询服务。

5. 库存网络

与其他实体书店相比，亚马逊实体书店具有强大的网络数据和仓库网络加以支撑，它可以将这个优势运用到实体书店的运营中，按照线上处理分析的数据，了解消费者的消费喜好，然后据此制定进货与库存安排，提高实体书店的销售量。同时，当实体书店中的某些书库存不够时，强大的仓库网络又可以对其进行补货。这种线下、线上特色优势相结合的方式能够给予消费者极致的购物体验，一方面，亚马逊实体书店营造了一种人文场景，满足了消费者对于线下实体场景的近距离体验；另一方面，它能够按照网络上的用户数据对实体店的某些方面进行改良，这种与线上浏览相一致的信息呈现方式也给消费者提供了方便。

第五章　基于大数据的电子支付发展

本章为基于大数据的电子支付发展，共分为 4 节，分别是网上支付模式、网络银行及其支付、第三方支付、移动支付。在大数据的基础上，电子商务的支付形式发生了很大变化，提高了支付的安全性。网上支付主要是以大数据技术为基础，在买卖双方之间进行的一种支付行为。在大数据技术高速发展的今天，网络银行以其无极限的优势，影响和改变着传统银行的面貌和业务模式。大数据技术不仅为第三方支付提供了更加精准的风险控制手段，还在第三方支付中的应用中为用户提供了更加个性化的服务体验。大数据技术是移动支付必不可少的支撑，对移动支付来说，无论是交易本身，还是背后的安全性和防欺诈问题，都离不开大数据技术。

第一节　网上支付模式

一、网上支付的概念

网上支付（internet payment），又叫作在线支付（online payment），是电子支付的一种具体形式。从广义上来讲，网上支付主要是以互联网为基础，通过利用银行所支持的数字金融工具，在购买者和销售者之间进行相应的金融交换，从而在最大程度上实现从购买者到金融机构和商家之间的在线货币支付、现金流转、资金清算、查询统计等过程，为电子商务服务和其他服务提供一定的金融支持。

二、网上支付系统的构成

（一）网络交易平台

网络交易平台是一个第三方的交易安全保障平台，主要是为了保障交易双方在网上进行交易的安全性、诚信性。

交易双方可以将线下谈好的交易，搬到网上通过第三方交易平台进行交易；网上交易更多的是客户通过在交易平台上找到自己所需要的产品从而进行交易。

电子商务需要基于网络交易平台进一步进行相关的具体运作，而所谓的网络交易平台，又需要进一步对网络支付工具予以一定的支持，如电子支票、信用卡、电子现金等。

（二）电子商务交易主体

电子商务交易主体实际上就是电子支付系统的主体。因为只要进行商务交易，必定需要相应的支付。具体而言，这个主体主要包括商品的买方和商品的卖方，一般通俗地称为商家和客户。

（三）支付网关

支付网关主要是完成银行网络和 Internet 之间的通信和协议转换，进行数据的相关加密和解密，从而最大程度地保护银行内部网络安全的一组服务器。支付网关是互联网公用网络平台和银行内部金融专用网络平台之间的重要安全接口。

通常来看，网上支付的信息必须通过支付网关处理后，才能进入银行内部的支付结算系统。

（四）银行系统

银行系统主要包括网络金融服务机构、客户银行和商家银行。客户银行又被称为发卡行，具体是指为客户提供资金账户和网络支付工具的银行。商家银行又被称为收单行，是指为商家专门提供资金账户的银行。

三、网上支付的基本流程

第一，支付开始。客户完成关于商品的相关订购，然后进入支付环节，同时商家也会收到消息，知道客户已经完成了商品的订购。

第二，支付申请。商家将自己的账号发送给支付网关，同时客户将自己的账号、需要转移的资金额度、资金转入账号等信息发送给支付网关。

第三，申请转交。支付网关对客户和商家的信息进行真实性、完整性和一致性的检测。

第四，确认信息。无误后，分别将信息转给收单行和发卡银行。

第五，资金转移。发卡行向收单行转移约定的款项，收单行接受相应的款项，并相互确认。

第六，信息反馈。发卡行将资金已经转移的信息凭证发送给支付网关，收单行则将收到资金转移的信息及凭证发送给支付网关。

第七，支付确认。支付网关将收到的资金转移信息提供给商家，商家接收到付款信息后，交付商品。

四、网上支付的特征

与传统的支付方式相比，网上支付具有以下明显的特征。

第一，网上支付通过数字流转来完成相关的信息传输，其各种支付方式都是通过数字化的方式使得款项的转移得以实现。

第二，网上支付主要是基于一个开放的系统平台，充当着互联网、无线网等的通信媒介。

第三，网上支付对软件和硬件设施的要求很高，一般要求有联网的计算机、相关的软件及一些配套的设施。

第四，网上支付具有方便、快捷、高效、经济的优势。用户只要拥有一台上网的 PC 机，便可足不出户，在很短的时间内完成整个支付过程。支付成本低廉。

总之，使用网络支付可以完全突破来自时间和空间的限制，其高效率是传统的支付方式望尘莫及的。

五、网上支付工具

（一）电子现金

电子现金（E-Cash），又叫作数字现金（digital cash），是为电子商务开发的最早支付系统之一。电子现金泛指现有的可以进行价值存储和价值交换的数字形式，可以有限地转化为其他的价值形式，需要由中介机构来完成这一转化过程。它是在银行电子化技术高度发达的基础上出现的一种无形货币，是支票和纸币之外流通的钱，是使用者通过把一个数字从一台计算机传送到另一台计算机的方式为产品或服务付款时所使用的一连串经过加密处理的数据。

与真正的纸币一样，电子现金的号码也是各不相同的，每个号码分别由某家银行发行并表示特定数目的真实货币。例如，利用电子现金服务，顾客可以通过他们的信用卡或银行账户购买电子现金，这些电子现金能替用户保护隐私，就像我们平时用纸币那样，电子现金信息里不包括使用者的姓名、年龄等个人信息，提高了支付的安全性。

1. 电子现金的特点

第一，安全性。能对伪造和复制货币的行为及时地进行阻止。

第二，匿名性。电子现金数据里不包含使用者的姓名等个人信息。

第三，不可追踪性。用户的秘密性能得到保护，用户和购买对象之间的关系对任何人是不可追踪的。

2. 电子现金的存储形式

（1）智能（IC）卡形式的电子现金

一般而言，智能卡形式的电子现金是将货币金额数值存储在智能卡中，当从卡内支出货币或向卡内存入货币时，改写智能卡内的余额。其过程是启动浏览器，通过读卡器登录到开户银行，将卡上信息告知银行：用户从智能卡内下载电子现金到商家的账户上，或者从银行账号下载现金存入卡中。除与银行账户之间的资金转移外，智能卡其余的转移操作均可独立完成，不用与银行发生任何联系，从而保证了其分散匿名性和离线操作性。智能卡形式电子现金可应用于多种用途，并且非常容易携带，具有信息存储安全密码锁等功能，智能卡上存放的证书使持卡人的身份得到认证，并直接在每一次网上购物时签上客户的数字签名。

（2）硬盘数据文件形式的电子现金

硬盘数据文件形式的电子现金是一种需要软件支持的电子现金支付方式。它用一系列加密子列数的计算机磁盘数据文件来代表现实中各种金额的纸币或辅币进行网上支付，具有多用途、使用灵活、匿名和快速简便等特点。

（二）电子支票支付系统

所谓的电子支票又称为数字支票，是一个经付款人私钥加密的写有相关信息的电子文件，它由客户计算机内的专用软件生成，一般来说，应该包括支付数据（支付人、支付金额、支付起因等）、支票数据（出票人、收款人、付款人、到期日等）、客户的数字签名、开户行证明文件等内容。

在某种程度上来说，电子支票是一种电子支票或数字支票支付系统。一些比较简单的数字支票支付系统主要用于个人的电子支付和拍卖网站的账户偿付。数字支票支付系统有很多优点：①在处理拍卖业务时，不需要消费者把账户信息透露给他人，安全系数高；②不需要消费者在网上不断发送敏感的财务信息；③对于商家来说，使用成本比信用卡低；④比传统纸质支票的处理速度快得多。

实际上，Achex是一种最简单的数字支票系统，这是一种在个人之间进行资金划转的小型对等网络支付机制。用户在Achex上开设一个账户，并提交一个自己用来偿付支票的传统支票账号。一旦该账户得到证实，Achex的用户就可以付款给那些拥有电子邮件地址并有合法支票账户可以接受资金转入的人了。用户用登录名和密码或个人识别码访问自己的Achex账户。接收方会收到一封电子邮件，通知他资金已经到位，并要求他提供一个有效的支票账号来接收转入的资金。随后Achex会把资金划转到接收者的支票账户上。这项服务对消费者是免费的，不过商家需要支付处理费用，大约是信用卡处理价格的一半。

eCheck是一个较为复杂的系统。一个由银行、政府机构和技术企业组成的联盟，从1996年起开始制订一个有关电子支票的计划。这种电子支票使用公钥加密方式，而且不需要第三方来进行资金的划转。其目标就是要全部取代纸质支票，并把目前在大机构间已有的电子资金转账功能延伸到所有的商业企业，甚至消费者之间。电子支票交易的支付流程可分为以下几个步骤：第一，消费者和商家达成购销协议并选择用电子支票支付；第二，消费者通过网络向商家发出电子支票，同时向银行发出付款通知单；第三，商家通过验证中心对消费者提供的电子支票进行验证，验证无误后将电子支票送交银行索付；第四，银行在商家索付时，通过验证中心对消费者提供的电子支票进行相关的验证，验证无误后即向商家兑付或转账。

不仅如此，目前，无线设备的使用已呈现一种爆发的趋势，而且还不断地有新的产品和服务相继推出。从移动电话到寻呼机和个人数字助理（PDA），无线设备刺激了为其提供支持的新兴网站的发展。其中，一个具有潜在利益的领域就是金融服务行业，具体来说包括股票交易和资金转账。

（三）数字信用卡支付系统

用户最熟悉的支付工具就是信用卡，当然，现在信用卡也是网上支付方式中采用最广泛的一种支付工具。

数字信用卡支付系统在很大程度上进一步扩展了现有的信用卡功能，使其成为网上购物的支付工具。数字信用卡支付系统特别关注的是如何使信用卡为商家和消费者带来更多安全和便利，寻求为商家解决信用卡在进行网上支付时出现的一些缺陷的方法，其中包括缺乏认证、拒绝付费及信用卡欺诈等，并且该系统还努力消除消费者对于信用卡使用的担忧。

对于eCharge而言，它其实是一个数字信用卡支付系统，使用的是基于客户的数字钱包。具体流程为：第一步，消费者需要先注册一个 eCharge 账户，通过用 SSL 加密的安全链接向 eCharge 发送个人和信用卡账户信息；第二步，eCharge 在批准了消费者的相关申请之后，就下载一个数字钱包到消费者的计算机上；第三步，消费者选择 eCharge 支付选项，可以在网上从接受 eCharge 的合作商家那里购买商品；第四步，eCharge 通过审核商家和消费者的数字证书进一步来验证双方的身份；第五步，eCharge 再向消费者的开户行审核消费者的账户和余额情况；第六步，对交易授权。每个消费者均可使用已有的信用卡或借记卡账户、任意的银行账户或 eCharge Phone 或任何电话公司的账单系统以电子方式支付账单。

根据上述 eCharge 申请、认证等流程，可以总结出信用卡支付的一般流程。在网上信用卡购买过程中包括消费者、商家、清算所、商家银行（有时也称“收单行”）及消费者所持信用卡的发卡行 5 个参与方。为了能够接受信用卡的支付，在线商家必须在银行或金融机构开立一个商家账户。商家账户实际上就是一个简单的银行账户，企业可以通过该账户处理信用卡支付并接受来自这些交易的资金。

信用卡的具体支付方法主要如下所述。①顾客或购物者到信用卡发行处开户并申请账号；②向商家服务器提供信用卡账号；③商家服务器到业务服务器中认证信用卡信息；④业务服务器确认后到银行或金融机构进行扣款处理，并返回到商家服务器；⑤商家服务器得到扣款通知书后，通知商家发货并交给顾客。

我国基于借记卡的在线支付具体流程如下：第一，消费者从商家网站发出支付指令，通过商家、支付平台到达银行，在这一过程中，信息通过 SHTTP、SSL 安全协议加密，以此来保证支付信息传输的安全。第二，消费者被转到银行页面，消费者在银行页面里输入敏感信息（账户及密码），从而完成网上支付操作。

（四）电子钱包

电子钱包（E-Wallet）是一个供使用者进行安全电子交易并储存交易记录的软件。使用者只要安装了电子钱包软件，就可以将电子现金、电子支票、信用卡等多个支付工具添加到电子钱包里。

在进行网上结算时，只要从电子钱包中选择某种支付工具就可以在安全电子交易协议的保护下完成支付行为。在电子商务活动中，顾客购物常用的一种支付工具就是电子钱包，电子钱包是在小额购物或购买小商品时常用的新式钱包。

1. 电子钱包的功能

电子钱包最重要的功能主要包括：①利用数字证书或其他加密手段来验证消

费者的身份；②存储和转移价值；③保障从消费者到商家的支付过程的安全。

除此之外，电子钱包还可以对常规的信用卡、数字现金、数字信用卡及数字支票等支付手段提供一定的支持，在最大程度上给消费者提供便利并降低交易成本。

2. 电子钱包的类型

目前，电子钱包主要有两种不同的类型，分别是基于客户的电子钱包和基于服务器的电子钱包。

(1) 基于客户的电子钱包

基于客户的电子钱包，如Gator.com和Master Card Wallet，是可以安装在客户计算机上的应用软件，通过自动填写网上商店的表单来给消费者提供便利。

当然，商家在自己的服务器上安装了相应软件以便于接收来自客户的电子钱包信息。当消费者点击了合作商家网站上的相应按钮时，商家服务器就可以从消费者的浏览器查询到来自消费者电子钱包的信息。

(2) 基于服务器的电子钱包

基于服务器的电子钱包，如微软公司的Passport，是基于软件的身份验证和支付服务产品，其销售对象是那些把系统直接卖给商家，或者是把系统作为其向商家提供的金融一揽子服务的一部分的金融机构。基于服务器的电子钱包的经销商可以提供技术服务（处理支付必需的基础设施）和电子钱包两种服务。

一般来说，基于服务器的电子钱包为在线商家提供了一种产品或服务，使之可以处理网上消费者支付的所有工作，并能降低交易成本，降低吸引及留住客户的成本，建立起有一定品牌知名度的网上支付服务。在Internet这样的公共网络平台上应用电子钱包进行网络支付，需要参与各方，包括客户、商家以及银行，安装相应的电子钱包服务软件，中间还涉及第三方认证中心（CA）认证机构的参与。

第二节　网络银行及其支付

网络银行是传统银行在Internet上的一种虚拟柜台，是实行电子支付的至关重要的基础设施。在互联网高速发展的今天，网络银行以其无极限的优势，影响和改变着传统银行的面貌和业务模式。1995年，全球第一家虚拟银行——安全第一网络银行（SFNB）诞生于美国。1997年，招商银行在我国推出了网络银行，随后，中国工商银行、中国建设银行、中国农业银行也纷纷推出网络银行。如今，在西方，85%以上的银行已经或正准备开通网络银行；在中国，全国性主要商业银行也已经开通了网络银行，而且大多数银行均相当重视其网络银行业务。

一、网络银行的优势

网络银行具有多方面的特点，如可以全面实现无纸化交易，能提供低成本、高收益、方便、高效、安全的全方位银行服务；由于网络银行采用了虚拟现实信息处理技术，网络银行可以在保证原有业务量不降低的前提下，减少营业点的数量，从而降低经营成本；另外，其提供的服务可以包括全球或地域性的金融信息查询、资金转账、外汇交易、股票交易、贷款、咨询、金融分析等多个方面，并且网上沟通非常方便，便于客户与银行之间及银行内部的沟通。与传统银行业务相比，网络银行具有明显的优势。

（一）降低经营成本，提高盈利能力

开办网络银行业务主要利用公共网络资源，无须设置物理的分支机构或营业网点，减少了人员费用，提高了银行后台系统的效率。

（二）无时空限制，利于扩大客户群体

与传统实体银行相比，网络银行具有3A特点，即它能够在任何时候(anytime)、任何地方(anywhere)、以任何方式(anyway)为客户提供金融服务，打破了地域和时间的限制，让客户随时随地都可以享受到网络银行的便捷。这不仅有利于吸引和保留优质客户，还能够扩大客户群体，获得更多的利益。

（三）利于服务创新，提供个性化服务

与线下一般的实体银行相比，网络银行能够提供给用户更加低成本和详细的保险、基金、证券等信息，满足用户的咨询、购买和交易等需求。同时，网络银行还能够给客户提供更加合适的个性化金融服务，更加契合消费者的心理需求。

二、个人网络银行支付流程

第一步，客户申请并开通网上支付功能。客户在个人网络银行开设个人账号，并在其中存入一定金额的现金；也可以凭借自己的信用卡或借记卡，开通网上支付功能。

第二步，客户获取数字证书。客户到认证中心申请一个数字证书，并将其安装在 PC 上。

第三步，网上购物。在网上商店进行购物，并检验商家服务器证书，验证商家身份。

第四步，选择网络银行支付方式。挑选好商品后，选择网络银行支付方式，自动进入网银支付页面，客户利用之前申请的账号进行支付。

第五步，通过指定的网络银行付款。在支付页面中输入客户支付卡号和密码，系统将付款资料传入银行网络完成验证并反馈回来，如果成功，则支付款项已经在客户账户中扣除，商家可以组织发货。

第六步，银行后台结算。通常，银行从客户账户中扣除的货款并不是实时划转到商家的账户上，而是采取批处理方式，进行批量金额划转。

这样，一次完整的网上购物就完成了。值得注意的是，这只是网络银行一次纯粹的在线直接转账形式。对于网络银行来说，它的网上支付功能很强大，除了这种直接与消费者、商家接触的支付方式，它还是其他支付平台的支撑，如利用第三方支付平台进行支付的时候也需要通过网络银行完成支付。

三、网络银行支付中用户面临的风险

（一）用户误操作

网络银行的操作需要用户具备一定的操作技能和严谨的态度。如果用户操作不当或麻痹大意，就会造成不可挽回的损失，如转账时输错转入账号等。

（二）用户卡号和密码被盗

在网络银行支付中，用户卡号和密码被盗也是常见的重要风险，影响着网络银行的交易安全。我国金融企业的域名管理仍然还存在着一定的不规范性，用户难以分辨出登录的网站名称或网址是真还是假。因此，用户在登录网站时很容易被不法分子制作的假的钓鱼网站所迷惑，然后在上面填写的个人私密银行资料信息就会被不法分子所掌握，从而导致用户卡号和密码被盗。相比起私人计算机来说，公共计算机更容易隐藏一些木马程序、病毒等，一些用户在公共计算机上使用网络银行服务，就容易被木马程序或病毒攻击，使得密码被盗取。另外，还有一些用户的安全意识比较薄弱，他们设置的银行密码过于简单，或者与其他网站的密码相同，这就很容易被不法分子破解，从而导致其密码被盗。

（三）用户计算机被攻击

互联网是一个开放的网络，病毒、黑客攻击时刻都对网络银行交易造成威胁，稍有不慎，用户的计算机就可能被植入木马程序或被黑客控制，导致身份信息被盗，身份被冒用。

（四）双方的身份确认出现问题

在网络银行支付过程中，为了确保是本人操作，提高安全性，通常用户和银行会进行双向身份识别和确认。用户在登录银行页面的时候，要仔细辨认真伪，确保其是真实的银行网站页面，否则用户的信息就可能会被非法截获和利用。有的网络银行在确认用户身份的信息的时候，所使用的确认方式比较严格、安全，但是有的网络银行确认用户身份的方式比较简单，仅仅需要账号和密码就可以，这样就容易出现安全问题。当用户的账号和密码被盗取之后，银行的计算机识别不出非法用户，用户的钱财就可能会被盗刷。

第三节 第三方支付

一、第三方支付概述

（一）第三方支付的内涵

第三方支付是由独立机构提供的在线支付服务，通常情况下，这些机构具有足够的实力和信誉，它们与主要银行之间存在一定的合同关系，能够与银行支付系统实时连接。当买家通过第三方支付方式购买商品时，款项会被支付到第三方提供的账户上，然后卖家会接到通知，确认款项已经支付，并被要求发货。一旦买方完成收货检查，他们可以要求第三方付款给卖家，在确认后，第三方将向卖家转账。

第三方支付是电子支付领域中的重要一环。我们可以认为，第三方支付能够与银行建立联系，负责处理资金结算、客户服务、差错处理等多个方面的任务。此外，第三方支付服务提供商可以发挥桥梁的作用，能够连接商家和消费者，以确保支付交易能够成功进行。第三方支付因为具备便捷处理款项、可灵活扩展功能、提供信用保障等优点，可以帮助人们成功解决电子商务一直以来存在着的物流、诚信、资金流动等方面的难题，在电子商务行业中扮演着关键的角色。

（二）第三方支付平台的内涵

第三方支付平台可以被视作一种网络系统，它能够通过通信、计算机和信息安全等方面的技术将消费者、金融机构和商家连接在一起，从而为其进行货币支付、资金流动、结算和数据分析提供稳妥平台。从实质角度看，第三方支付平台是一种支付系统，我们也可以将其称作第三方支付系统。

在如今电子商务日益兴起的大背景下，网购和在线交易已经成为人们日常生活中不可或缺的一环，绝大多数人对此不再陌生。由于远离拥挤、堵车、排队付款等麻烦，并且随着电子商务活动交易制度的日渐规范和安全保障的日益完善，更多的消费者正在走出大型卖场、超市，选择在线上通道进行在线购物。在线商家通常不愿意采用传统的支付方式，如银行汇款和邮局汇款，因为这些方式需要购买者历经复杂的付款步骤。此外，使用货到付款的选项可能会增加商家的风险，并导致物流成本上升。因此，第三方支付平台得以出现，它可以为网络商家提供方便快速的支付方式。另外，第三方支付平台可以为商家提供一个一体化的解决方案，即整合电子商务中资金流、信息流和物流等核心问题的交易信息和物流信息。借助第三方支付平台，商家平台可以对交易状态和分析数据进行实时查询，还可以享受便捷的退款和冻结服务，让客户方便地了解交易进度、物流信息，并执行相应操作。更重要的是，第三方支付平台可以记录交易细节，有助于避免交易双方否认交易，还可以在可能出现的售后纠纷中提供证据，以确保双方权益得到保障。

（三）第三方支付与第三方支付平台的关系

根据上述内容，我们可以做出如下总结：就概念角度而言，第三方支付和第三方支付平台是不同的，但二者是相辅相成、紧密相关的。

首先，作为一种新兴的支付方式，第三方支付可以被看作是一种支付通道。通过这种支付方式，独立的第三方机构可以扮演买家和卖家之间的“信任保证人”角色，以连接多家银行的支付结算系统，进而保护交易双方的合法权益。我们可以将第三方支付平台视为一个整合了网络、技术、软件和服务等要素的系统，它的主要作用是帮助商家与消费者进行第三方支付交易。各种第三方机构都可以创建他们自己独立的第三方支付平台。当前，比较著名的第三方支付有支付宝、财付通等。

其次，我们想要对第三方支付方式加以运用，就必须借助第三方支付平台，它是必要载体和媒介。因为它的存在，我们才能明确第三方支付形式的整体流程。没有第三方支付平台，第三方支付也就只能停留在理论层面，而不能真正付诸实施。正因为第三方支付平台和第三方支付之间存在如此紧密的关系，所以人们在平时谈到第三方支付和第三方支付平台时，有时并没有对二者进行严格区分。

由此可以看出，第三方支付实际上是第三方支付服务公司，第三方支付平台实际上是第三方支付系统。另外，负责对第三方支付系统加以运营的是第三方支付服务公司。

二、第三方支付的特征

（一）支付中介

所谓支付中介，更具体地说，指的是第三方支付平台可被当作中介，实现付款人、银行、第三方支付机构和收款人之间的资金转移，而非由付款人和收款人直接进行资金交易。对网上商户来说，这种方式可以不用安装各个银行的认证软件，简化其操作，降低开发和维护成本；对银行来说，这种方式可以节省网关开发成本等。

（二）信用保证

运行规范的第三方支付平台，只向合法注册的企业提供支付网关服务，不向个人网站提供服务，在很大程度上避免了交易欺诈的发生，使消费者使用网上支付时更放心。

（三）技术中间件

第三方支付平台以整合多家银行为手段，能够实现银行系统与网络之间的安全数据传输，进而可以为商家提供方便、统一化的支付接口，使商家不需要与各家银行一一谈判就能够同时使用多家银行的支付通道。

（四）个性化与增值服务

第三方支付提供方可以根据商家的发展需求和市场竞争状况，为其定制适合需求的支付结算服务，如为航空公司制定个性化的分账解决方案等。

三、第三方支付的优缺点

（一）第三方支付的优点

1．能够减少电子商务交易欺诈行为

传统支付方式仅限于资金的转移，一般要求人们在商品发货前或送达后支付，其中的信用风险较大。第三方支付除能够促进物流与资金在交易双方之间的流通之外，还有监督和控制交易双方的功能，可以有效增强在线交易的安全性。这将有助于降低人们对网络交易和在线购物的担忧感，进而提高更多人对网络交易的信任度并促进他们对其加以使用。除此之外，第三方支付平台还能够记录详细的交易信息，以防止交易双方否认交易，也能够为双方潜在的纠纷提供必要的证据支持。

2．能够解决物流和资金流不对称问题

第三方支付能够确保商家和顾客之间的资金转移更为安全、更为快捷、更为方便、更为经济，也能为资金和商品在交易中的畅通无阻提供依据。从客观角度看，它减轻了电子商务支付的负担，对于“支付死扣”的消除而言是非常有帮助的。

3．能够降低成本，缩短交易周期

就传统的支付方式而言，消费者需要花费大量时间和精力前往银行或邮局，以处理烦琐的转账手续。通过第三方支付和银行系统，消费者可以在网上支付，这样能够显著缩短其电子商务交易处理的时间，同时可以有效帮助他们节省时间和办公成本。

4．能够突破网上交易信用问题

第三方支付服务通常会与知名的在线平台合作，并以所合作的银行信用为基础，可以有效解决网上交易中的信用难题，进而能够在很大程度上促进电子商务不断更新换代。

5．能够拓展银行业务，提高服务质量

作为金融领域的新兴业务之一，网络支付能够减少银行的运营支出、提高业务处理效率、拓宽服务范围，同时可以使银行的中间收益得到提升。除此之外，第三方支付平台的引入，能够简化银行的支付流程，使消费者能够便捷地享受银行服务，随时在线进行操作。

6．操作简便可靠

第三方支付平台与银行的交易接口直接对接，支持多家银行的多卡支付，采用先进的加密模式，在银行、消费者和商家之间传输和存储信息资料。此外，还可以还根据不同用户的需要对界面、功能进行调整，更加个性化和人性化。

在借助第三方支付平台的前提下，商家与客户进行的交易变得更为简洁高效。

（二）第三方支付的缺点

1. 盈利少

从客观角度看，维护费用高、盈利模式不够先进都是第三方支付平台企业的不足之处，部分第三方支付平台甚至处于不盈利状态。

2. 用户不信任

就第三方支付模式而言，第三方支付公司独立运营并提供金融服务，用户对其可靠性抱有疑虑是常见现象，因为他们习惯了传统支付方式，会下意识地认为第三方支付的安全性不强。

3. 银行依赖性强

无论是从资金上还是从认证系统上，第三方支付平台账户都需要“背靠”银行，因为银行的专业技术能够确保用户的支付信息足够安全，而且这种专业技术与认证系统，都是第三方支付平台所不具备的。

4. 面临银行和银联的强势竞争

目前在国内，人们可以通过很多平台来进行在线支付，如各大商业银行、银联及第三方支付平台公司。各家商业银行正积极推动网络支付服务的发展，这已经成为各银行网络银行发展的关键方向。在接下来的几年里，各家银行将把网络支付视为电子银行服务竞争的重点。银行立足于为广大客户提供优质的金融服务，受益于良好的声誉和用户评价，这类机构具备充足的资金和先进的技术支持。作为政府背书的机构，银联推出了便利高效的电子支付系统，大部分持有银行卡的人可以通过在线支付享受便捷服务。此外，银联不仅简化了支付流程，还能够受理外国银行卡的支付业务，其手续费相对较为优惠。由此可知，在电子支付领域，银行和银联对第三方支付平台施加的竞争压力是相当大的。

5. 结算周期长

因为某些特定情况，一些第三方支付机构无法为用户提供实时结算的业务，这就导致其结算时间延长，进而影响了商家的资金流动。第三方支付的一般结算方式有两种：一是直接结算到银行卡（部分支付公司已停用）；二是结算到新开的第三方支付账户中，然后自提到银行卡。第三方支付的结算周期根据交易额度的不同，可分为T + 0结算、T + 1结算、T + 3结算等。部分特殊行业和节假日，结算周期可能会延长。

四、第三方支付双方面临的安全问题

（一）买家面临的安全问题

1．虚假信息

与传统媒体相比，在网络经济领域发布信息更为灵活，消费者往往难以找到发布信息的商家并向其进行追责，甚至连商家的具体联系方式都无法找到。以吸引用户为目标，许多网站和支付平台持续简化新用户注册和验证过程。因此，一些不诚信的商家在互联网上大肆发布不实信息，对商品进行虚假宣传，导致实际商品的质量、声音、颜色、外观等与广告宣传不符，从而欺骗消费者。有些商家会用制造虚假的商品销售排名和特价促销活动等手段，以吸引更多的购买者或骗点击量，以此来提升他们的商业影响力，获取更多经济利益。

2．卖方不履行服务承诺

网络经济存在这样一种现象：买家在支付款项后未收到商品，或者卖方履行了交易协议，但未按照网上条款或承诺的方式准时送货、提供服务或处理退货。根据北京消费者协会的统计数据，消费者主要投诉的问题是企业未能履行服务承诺，具体涉及未提供发票、产品质量不达标和送货不及时等情况。由于商品需要经过配送环节才能到达消费者手中，一般情况下，商家会委托第三方物流公司进行运输，因此解决与产品质量相关的问题（如污损）可能会更具挑战性。送货不及时可能是许多不可控因素所导致的，但更大的问题在于卖方诚信度不高。虽然买方并不急于提出投诉，且出于成本效益的考虑，他们往往可以接受一定程度的延迟，但这会导致卖方有意延迟发货的现象更加普遍。

3．机密性丧失

购买者有可能会向冒充销售商的组织泄露私密个人数据或身份信息。此外，这些信息在传输时也可能面临被盗取的风险。

（二）卖家面临的安全问题

1．入侵者的破坏

入侵者假扮合法用户，趁机修改用户信息（如交货地址），并做出取消订单等行为。

2．竞争者的信息窃取

网络经济存在这样一种情况：恶意竞争者通过伪装成他人的身份进行商品订购，以获取与商品送货、库存量等有关的信息，或者是被冒名而损害企业的名誉。

3. 买家的恶意退货

尽管不存在产品质量问题，但部分买家收货后对货物不满意，找各种理由退货。在此情况下，卖家不得不允许退货，以维护其信誉，有时还需要负担退货运费。有些买家在成功收到商品之后，却没有给卖家好评。

4. 虚假交易及交易诈骗

在 B2C 和 C2C 模式中，通常会存在一些涉嫌违规的个人行为，如注册时提供虚假信息、进行虚假交易或参与不真实的拍卖，以及干涉交易结果。在无法验证个人信息真实性的情况下，网站对用户身份进行确认通常只能依赖于核实他们提供的电子邮箱地址，而电子邮箱网站通常不会验证用户的实际身份。这为一些不法交易者提供了机会，导致商家常常会收到无效的订单，即查不到收货人的相关信息，或者遭遇送货地址虚构等。另外，因为对网站保护隐私的信任度不高，一些交易者往往选择对真实信息有所保留。这就为个人未来取消不想要的交易提供了机会。

五、第三方支付代表——支付宝

支付宝是浙江支付宝网络科技有限公司开发的独立第三方支付平台，由阿里巴巴集团创办。2003 年，淘宝网推出了支付宝业务，2004 年，阿里巴巴集团创办浙江支付宝网络科技有限公司。目前，支付宝业务已覆盖多个国家和地区，支持包括英镑、美元等 12 种海外货币的支付业务。支付宝最初只是作为淘宝网公司为了解决网络交易安全所设的一个功能，该功能使用的是第三方担保交易模式。

支付宝的基本支付原理类似于 PayPal。首先，用户必须拥有一个私人邮件地址，经过注册流程，将其作为支付宝的账号。其次，填写个人的真实信息，接受“支付宝服务协议”后，利用注册邮箱中的激活链接激活支付宝的账号，就可以通过支付宝进行网上支付。支付宝的付款方式有两种：一种为“先验货，再付款”的担保服务方式，另一种为“即时到账”的服务方式。

“先验货，再付款”担保服务方式遵循下列的流程：①在就付款达成共识后，交易双方中的买方将特定款项转移到支付宝账户。实际上，这类账户是支付宝公司在各个银行中开的账户。②接到款项后，支付宝将发货消息发送给卖方，卖方将货物发出去，买家收到货物后，再向支付宝发送类似“已收货”的信息。③支付宝将货款划至卖家在支付宝上的账户。

“即时到账”的服务方式，主要指的是交易双方可以不经过确认收货和发货的流程，买家通过支付宝立即付款给卖家。一旦客户选择该付款方式后，款项马上会到达对方的支付宝账户。“即时到账”的服务方式规定收款人必须为实名认证的会员。

第四节　移动支付

一、移动支付的含义

根据移动支付论坛的描述，移动支付（又称手机支付）指的是在双方进行交易时，通过移动支付服务提供商，付款方使用移动设备兑换特定金额的数据，并通过移动终端将数据传输给收款方，以完成商业交易并支付费用的行为。移动支付所使用的移动终端可以是手机、具备无线功能的 PDA、移动 PC、移动 POS 等。移动支付实施的基础是金融电子化。

二、移动支付的运营模式

（一）以运营商为运营主体的移动支付业务

当移动运营商管理移动支付平台时，用户进行支付交易存在两种选择：一种是使用手机话费账户，另一种是使用专门的小额账户。所有的移动支付交易费用都会从这两个账户中的一个内扣除，这就导致用户难以区分每月的手机话费和移动支付费用。此支付方法只适合用户在移动设备上进行小额支付。

以运营商为运营主体的移动支付模式的特点为：首先，该模式通过充分利用移动运营商的网络资源优势，可以使技术操作变得更加便捷和可靠；其次，该模式能够使商家与用户直接交易，不需要牵涉银行，进而成功简化了交易关系，但第三方交易公司需承担一些金融机构的责任，并且进行大宗交易可能会违反国家的金融法规；再次，该模式无法为非通信费用领域的业务提供发票；最后，该模式下与税务事务相关的工作较为繁杂。

（二）以银行为运营主体的移动支付业务

具体而言，以银行为运营主体的移动支付模式，即银行和移动运营商合作推出一种新型合作模式，用户能够方便地通过银行卡进行移动支付，这能够实现银行账户和手机账户之间的连接。银行专注于处理用户的交易和支付需求，而移动运营商则专注于信息传输，不直接介入支付交易。

（三）以第三方为运营主体的移动支付业务

在以第三方为运营主体的移动支付模式中，移动支付交易平台的管理者可以进行单独经营，也可以与银行和移动运营商合作，拥有自主经营的权利。平台运营商在用户、银行和移动互联网服务内容应用服务的直接提供者（SP）之间扮演桥梁的角色，负责管理资金的转移和结算，从而确保资金安全地在用户账户和服务提供商账户之间进行流动。由于这种模式的运作难度较大，并且成本比较高昂，对独立移动支付运营商的要求比较高，目前在国内移动支付市场上成功的运作案例还不多见。

以第三方为运营主体的移动支付模式的特点为：首先，银行、移动运营商、平台运营商和SP各自负责明确的工作任务，各司其职、责任明晰；其次，平台运营商通过整合移动运营商、银行、SP、用户等多方关系，能够将原本错综复杂的多对多关系简化为直接的多对一联系，从而能在很大程度上提升商务运作的流畅度；再次，该模式有助于银行和SP相互促进彼此的服务；最后，顾客可以在不同银行之间选择多种支付方式进行交易，他们唯一要做的就是在平台上完成注册。然而，广大用户需要做好充分的心理准备，以随时迎接银联的介入。尽管平台运营商简化了各群体之间的互动，它们仍需要考虑多方利益，这就导致它们必须处理错综复杂的关系，这会增加成功运营所需的挑战和工作量，特别是在商业方面，它们会面对更多挑战。此外，在该模式下，运营平台需要具备较高的市场推广、技术研发和资金运作能力，同时还需有较强的行业影响力和知名度。

三、移动支付运营模式应关注的问题

（一）金融管制问题

在世界范围内，金融领域的管制比电信管制要严格得多。尤其是金融领域支付服务的管制非常严格。我国严格限制电子付款的最高上限，这是为了防止洗钱等犯罪活动。如果移动支付为了从根本上解决信用问题，改为借记方式，即先存款后消费，就带有储蓄性质。如果规模很大，就会被中央银行要求法定存款准备金，甚至被取消相关业务。

因此，在开展移动电子商务的支付服务中，应该选择要么直接与商业银行合作进行业务的开展；要么通过支付服务为第三方提供移动支付服务，但银行从自身的利润收入和长期市场发展的考虑，对开展与移动的合作并不是很积极。

（二）信用问题

与传统业务的方式不同，网上交易的真实性更加不容易考察和验证。首先，买方可能存在信用问题。目前移动计费系统主要是贷记，即先消费后付款。如果买方是恶意欠费，用移动支付购买大量的商品和服务，然后放弃号码逃之夭夭，移动公司并没有很好的解决办法。现在还没有推广移动支付，移动用户欠费就已经是一个不小的问题。其次，卖方可能存在信用问题。无论是网上商品和服务的质量问题，以及售后服务问题，还是 POS 的产品都存在信用问题，如果出现交易纠纷，移动支付平台会处于很不利的地位，因为是移动方面垫付了购货款。

（三）预期收益与成本不对称问题

目前移动支付开展网上交易，主要是看好网络交易的发展前景。在实际运作中，移动支付网上交易获得的收益并不足以补偿费用成本。受各方面条件的限制，我国移动网上交易的大发展，即从成长期到成熟期，还需要一段时期。

（四）网上交易速度和稳定性问题

网上交易的优势是便利的操作程序和快捷的传输速度。于是，网络的稳定性便成为重要课题。当突发事件造成交易数量超出容量设计时，就会使网络堵塞。因此，移动支付网络的速度和稳定性也是运营商需要关注的问题。

第六章　基于大数据的电子商务安全与保障

本章为基于大数据的电子商务安全与保障，共分为5节，分别是电子商务安全概述，电子商务安全技术，电子商务法律、法规保障体系建设，电子商务诚信体系，基于大数据的消费者隐私保护。

第一节　电子商务安全概述

一、电子商务的安全性

电子商务是一个社会与技术相结合的综合系统，安全性是一个多层次、多方位的系统概念，它除了与计算机系统结构有密切关系，还与技术因素、人为因素和自然因素有关，主要包括电子商务系统的硬件安全、软件安全、运行安全、电子商务立法等。

（一）影响电子商务安全的因素

1.技术因素

硬件方面包括服务器系统的可靠与稳定、网络结构的合理与适用、电源及附属设备的正常与安全等；软件方面指系统软件和应用软件是否有缺陷、运行是否稳定、抗破坏能力如何等；数据方面主要指系统的数据保护能力，如能否限制、制止数据的恶意或无意修改、窃取和非法使用，有无数据的安全性、正确性、有效性、相容性检查与控制等。

2.人为因素

从客观角度看，人为因素主要指由人类行为造成的不良影响，我们可以具体将其可以分为两种情况：一种是由系统的合法用户错误操作或疏忽导致的损失，如操作错误、管理失误、输入错误、未及时采取应急措施等；另一种是蓄意造成的伤害，即各种类型的计算机犯罪、计算机病毒制造和信息窃取、篡改等。人为的网络入侵和攻击行为使得网络安全面临新的挑战。

3. 自然因素

自然因素指各种由自然界、环境等影响造成的对电子商务系统的不利因素，如水灾、火灾、雷电、地震及环境中存在的电磁波等。这一类因素的危害主要是针对系统设备、存储介质、通信线路等。

（二）电子商务信息安全隐患

随着互联网的高速发展，电子商务业务的开放性和国际性在增加应用自由度的同时，也使安全成为一个日益重要的问题。其主要表现在，开放性的网络所面临的破坏和攻击也是多方面的，如企业和服务使用者的信息被非法篡改、窃取、假冒和交易抵赖。这些都阻碍了企业信息化建设、电子商务和网络营销的发展。

1. 信息篡改

信息篡改指攻击者未经授权进入电子商务系统，篡改数据并传输给他人，有损信息完整性、损害财务利益，还会干扰合理决策，导致电子商务交易风险上升。具体而言，信息篡改的主要方式包括：第一，篡改，即改变信息传递的次序，使其内容含义发生变化；第二，删除，即移除一条消息或其中的某些内容，使得信息不完整，或者含义出现偏差；第三，插入，即将额外内容插入信息中，以使接收者难以理解或产生错误的理解。

2. 信息窃取

在加密措施不够完善或加密强度不高的情况下，恶意攻击者可能通过放置监听设备、拦截数据包，甚至利用电磁波在网络、电话线路等通信渠道中获取重要信息。此外，恶意攻击者也可能会通过研究信息流的规模、方向、传输频率和持续时间等因素，推断并窃取消费者的银行账户、密码及企业的商业机密等敏感信息。

例如，航班取消的诈骗短信和电话，就是用户的航班信息被窃取，以致收到的短信内容包含准确的个人信息，很容易产生信任心理，而一旦按照短信提示的电话进行回拨，就会被对方早已准备好的诈骗台词一步步引入骗局，钱款就在不知不觉中被不法分子骗取。

3. 信息假冒

一旦恶意入侵者掌握了网络信息的运转模式或成功解密商务信息，他们便能够伪装成合法用户或发送虚假信息，以通过欺骗其他用户牟利。具体而言，有两种手段：第一种，恶意入侵者通过制作虚假电子邮件、仿冒网站和商店来欺诈用户，引诱他们发送电子邮件并购买某些商品，或者假冒他人身份发送大量电子邮件，以获取商家产品资料和用户个人信息；第二种，身份盗用，如假冒高层领导发布指令或查看机密文件、利用他人身份进行购买或恶意中伤他人、假冒主机以欺骗合法主机和合法用户、假冒网络管理软件获取或篡改访问权限和密钥等敏感信息，以及利用欺骗手段侵占系统资源，从合法用户手中窃取信息等。

4. 交易抵赖

在电子商务交易中，交易双方参与者有可能否认他们之前已经执行的交易，即交易抵赖。交易抵赖是指在不同场合下，如信息发送方将某些信息发送出去之后，否认曾经所做过的行为，或者信息接收方事后否认曾接收到特定信息或内容；购买者在下单后否认购买行为，商家因为商品价格的变动而未能履行合同等。

二、电子商务的安全需求

（一）信息的保密性

信息的保密性是指信息在传输或存储过程中不能被他人窃取的特性。因此，信息需要采用一定的加密技术等安全保障措施。例如，信用卡号和密码在网上传输时，如果非持卡人从网上拦截并知道了这些信息，他就可以用这个卡号和密码在网上消费。因此，电子商务交易必须对要保密的信息进行加密和保护，再通过网络进行传输。

（二）信息的完整性

信息的完整性是通过确保信息在存储和传输过程中没有被篡改来保障的。在数据存储过程中，信息的完整性必须得到保障，同时我们需要采取一系列的措施，防止恶意篡改对网站内容造成负面影响。传输信息时，我们需要确保发送方发送出去的信息与接收方接收到的信息完全相同，这样才能保证信息在被传输时具备完整性。虽然信息加密可以保护隐私安全，但它并不能完全防止信息被篡改。如果发送方输入的信用卡号是“123456”，但接收方收到的却只有“12345”，那么就代表所传递的信息不够完整，出现了遗漏或遭遇破坏。

（三）信息的不可否认性

我们可以将信息的不可否认性称作信息的抗抵赖性，这一特征能够确保信息发送者无法否认曾发送出去的信息的真实性和内容，同时接收者也无法否认已经收到的信息，双方就信息都没有“抵赖”的机会。举例而言，当买家在市场上向卖家下订单购买旅游商品时，商品的价格较为优惠。但当卖方确认订单并提出后，价格已上涨。如果卖方拒绝承认订单或逾期不履行，买方将遭受损失。在电子商务环境下，可以通过数字证书机制使用数字签名和时间戳，从而保证信息的抗抵赖性。

（四）信息的可认证性

信息的可认证性，主要是对交易者所发出信息真实性的验证，而交易者身份的真实性就成为其所发信息真实性的关键。因此，在进行电子商务交易时，我们首先要考虑的是验证交易双方的真实身份，以避免虚假交易的发生。由于网络交易涉及虚拟环境，交易双方无法直接接触，为确保交易顺利完成，他们必须建立互信，并及时验证对方的真实身份。其次，要保证双方所发出的信息都是其真实意愿的表达，信息是经过认证的，不存在虚构。

（五）信息的有效性

信息的有效性是在具有不确定性并存在信息不对称的市场上，精准地揭示信息以满足信息需求者需求的程度。在现代社会中，电子商务已经成为主流，已经取代了传统的纸质交易方式。确保电子交易信息的准确性是电子商务的关键。换言之，在电子商务中，确保信息准确无误是至关重要的，因为它与交易信息的可操作性直接相关。因此，要对网络故障、操作错误、应用程序错误、硬件故障、系统软件错误及计算机病毒所产生的潜在威胁加以控制和预防，以保证电子商务贸易数据在确定的时刻、确定的地点是有效的。

三、电子商务信息安全策略

从系统的角度讲，网络安全包括组成网络系统的硬件、软件及其在网络上传输信息的安全性，要使其不致因偶然的或恶意的攻击遭到破坏，则在网络安全方面既要解决技术方面的问题，也要解决管理方面的问题，两方面相互补充，缺一不可。

（一）硬件设备安全策略

运用硬件设备安全策略的主要目标是确保计算机网络设备不受外部环境、设备故障、操作失误及各种网络犯罪活动的干扰。服务器是企业信息系统的核心，服务器的速度、稳定性、安全性是企业电子商务系统能否正常运行的关键。因此，在服务器配置时，应考虑到机器整体性能和使用时可能出现的特殊情况等多方面的因素，采取双机热备，即一台服务器出现故障，另一台服务器要能迅速接管，以确保信息系统不间断运转。

（二）网络运行安全策略

要具备针对突发事件的应急措施，如数据的备份和恢复等。根据系统安全需求，可选择的备份机制包括场地内高速度、大容量的数据自动存储、备份与恢复；场地外的数据存储、备份与恢复；对系统设备的备份。

（三）数据安全策略

通过数据完整性鉴别技术与数据传输加密技术，我们可以确保所传输的数据足够安全。此外，确保数据库与终端的安全，是确保信息存储安全的必要前提。

为了确保重要数据的安全性，我们必须建立数据备份和容灾系统。容灾是一种可以在系统遭受数据灾害后将其恢复到之前状态的方法，而远程容灾系统能够在多个地点建立具备相同功能的系统，进而实时监测不同子系统之间的状态并实现功能切换。较为常见的容灾系统通常包括数据复制和应用切换这两个主要功能。在数据安全策略中，数据恢复和网络容灾的作用非常重要，二者必不可少。

（四）制度安全策略

我们需要制定严格的规定和制度，以确保计算机网络设备和设施被安全地使用和有效地管理，以防范可能存在的安全风险。

1. 建立保密制度

想要建立保密制度，需要妥善保护机密信息、合理管理密码、保护通信地址，并对日常管理和系统的机密运行进行维护，还要严格保护机密日志记录。制定各种保密任务时，我们都需要深思熟虑，并根据敏感程度划分不同的保密等级，并采取相应的保密措施。

2. 建立系统维护制度

系统维护制度的建立，需要专业的网络管理技术人员参与，他们的主要任务是确保电子商务网络系统长期安全、稳定地运行。另外，他们需要重点关注与硬件和软件系统的日常管理和维护相关的工作。

3. 建立病毒防范制度

在网络中，病毒很容易传播并造成一定损害。因此，除安装防病毒软件外，我们还需要定期更新病毒防范软件。同时，在发现病毒入侵时，我们应立即通知相关人员。需要注意的是，我们可以通过改变网络系统中易受病毒感染的文件的属性和权限来防止病毒入侵，实现病毒预防目标。

第二节　电子商务安全技术

一、密钥加密技术

密码技术，如加密和数字签名，是电子商务安全服务实施中重要的组成部分。密码技术中最基本的部分是加密系统或加密算法。加密算法定义了一对数据的转换过程，称为加密和解密。从基本原理层面看，加密技术运用一定的算法，把明文信息转变成密文形式，这样可以防止未被授权的人员查看原始数据，以保障数据的机密性。对数据进行加密处理即将其转换为加密形式，我们也可以将其称作加密；对加密后的数据进行解密操作，将其恢复为原始明文形式，我们也可以将其称作解密。加密和解密所遵循的规则被称为密码算法。在加密和解密过程中，密钥是至关重要的信息，它的主要作用是将特殊的可变参数传递给执行加密和解密操作的相关方。

就当下情况看，对称密钥加密系统、非对称密钥加密系统在社会群体中的应用率较高，二者的差异是加密、解密的密码是否一致。

（一）对称密钥加密系统

我们可以将对称密钥加密称作私钥加密，它是指发送方和接收方在信息传输期间使用相同的密钥进行数据加密和解密，其主要优点是能够有效地执行加密和解密操作，特别适用于处理大量数据的加密任务，不过在密钥管理方面，这种加密方式存在一些难题。基于对称加密技术，我们通过使用相同的算法和共享私密密钥来进行加密通信，可以有效简化加密过程，不需要参与者学习或交换特定设备的加密算法。只要确保生成密钥时双方专用密钥不会泄露，通信双方就可以采用对称密钥加密算法来对机密信息进行加密。另外，信息发送方可以将报文摘要或散列值与报文一起传输，以保持信息的保密性和完整性。

对称密钥加密使用数据加密标准（DES）算法，该算法于 1977 年被美国国家标准局确定为联邦资料处理标准，1981 年被采纳为金融业标准，是目前被广泛采用的对称密钥加密方式之一。

（二）非对称密钥加密系统

非对称密钥加密系统，又称公开密钥加密系统，是在 1976 年由斯坦福大学的惠特菲尔德・迪菲（Whitfield Diffie）和马丁・赫尔曼（Martin Hellman）提出来的。相较于对称密钥加密系统，非对称密钥加密系统主要依托两个不同的密钥进行加密和解密，公开的被称作公开密钥，用户独自保管的被称作私用密钥。由此，信息发送方可以用接收者的公钥加密信息，接收者则需要用自己的私钥解密。虽然公钥加密方式具有灵活性，但其加密和解密速度远不及对称加密方式。

就非对称加密系统而言，密钥被分为公钥和私钥。其中，任何一把密钥都可以被分享给其他人作为公开密钥（用于加密），而另一把则为私用密钥（用于解密），需要被妥善保存。生成密钥对的贸易方可以单独持私用密钥，而公开密钥则可以被广泛分享。

从宏观角度看，我们可以将公开密钥理解为是一种实现通信交换的方式，其中一方（贸易方 A）生成一对密钥，并将其中一把（公开密钥）分享给其他方；贸易方 B 将信息使用公开密钥加密后发送给贸易方 A，贸易方 A 则需要使用其存档的专属密钥来对加密信息进行解密。

RSA 算法是一种可逆的非对称密钥加密系统，它是用它的 3 位发明者——麻省理工学院（MIT）的罗纳德・李维斯特（Ronald Rivest）、阿迪・萨莫尔（Adi Shamir）和伦纳德・阿德曼（Leonard Adleman）的姓的第一个字母来命名的算法，是非对称加密领域内最为著名的算法。其主要困难在于算法的执行速度较为缓慢。因此，一般情况下，人们不会选择这种算法来加密包括大量 ED 在内的大规模数据。公开密钥加密算法通常被用来保护对称加密算法生成的密钥，特别适用于完成需要加密大量数据的任务。

二、数字指纹

数字指纹也称信息摘要，是一种单向加密算法。数字指纹经过加密后是不可能被反向破译的，这种加密技术通常被用于验证信息的完整性。这种加密方式会对原始文本进行处理，并利用 Hash 算法生成一个长度固定（128 位）的散列值。摘要的呈现方式会随着原始内容的不同而有所变化，不过，在同一篇原文中，所生成的摘要具备一致性。因此，信息摘要可以被看作文本的“身份验证标识”，类似人的指纹，它有助于人们确认文本的真实性，能够提高电子商务运作的安全性。

三、数字签名

数字签名基于非对称加密技术，其主要流程涵盖以下步骤。首先，发送方生成128位散列值（也称报文摘要）来表示报文文本，并将其发送出去。其中，发送方使用私钥对散列值进行加密，并生成特定的数字签名。其次，把数字签名和报文一起发送给接收方，在该过程中，数字签名会被当作报文的附件。接收方首先对原始报文进行处理，生成128位散列值，接着利用发送方的公开密钥验证和解密该报文附带的数字签名。当两个散列值互相匹配时，接收者可验证数字签名的有效性，从而确认发送者的身份。数字签名可用于验证原始消息的完整性和真实性，确保发送方不能否认发送过该消息。

数字签名的产生过程是将原文按双方约定的Hash算法计算得到一个固定位数的报文摘要（该算法在数学上保证只要改动报文中任何一位，重新计算出的报文摘要值就与原先的值不相符，这样就保证了报文的不可更改性，同时通过摘要是无法获得原文的），然后对所得的摘要用发送者的私钥进行加密，并将加密结果作为数字签名附在原文后发送给对方。

检验数字签名的过程是接收者收到数字签名和原文后，用同样的Hash算法对正文计算形成摘要，再对所附数字签名用发送者的公钥进行解密。如果两者的结果相同，数字签名得到验证，说明报文确实来自约定的发送者；否则，无法通过对数字签名的检验——因为相应的私钥只有该原文声明者拥有，而只有用该私钥加密才能获得可由相应公钥正确解密的结果

数字签名的目的在于它能够为信息的不可否认性与完整性提供保障。如果数字签名解密后的摘要与原文经过Hash函数处理后生成的摘要不一致，那么可能表示原始数据已经受到篡改或已经遗失。由于私钥对应的密钥在数字签名中具有唯一性，签名者在面对自己的签名时是无法对其进行否认的。接收方不能伪装成发送方签署文件。因此，人们可以通过数字签名验证有争议的信息，以明确信息发送者和接收者的身份。

数字签名与手书签名的区别是：手书签名是模拟的，因人而异；数字签名是数字的（0和1的数字串），因信息而异。

四、数字信封和数字时间戳

（一）数字信封

数字信封不仅具备非对称加密的灵活性，还具备对称加密的高效性，能够有效确保信息传输的保密性。运用数字信封，信息发送方可先用对称加密技术对原始数据进行加密处理，然后使用信息接收方的公钥对生成的对称密钥进行加密传输。在接收方获得加密后的对称密钥和密文后，可利用私钥解密数字信封获取对称密钥，进而用该对称密钥来对密文进行解密。

（二）数字时间戳

数字时间戳（DTS）本质上属于一种网络安全服务，特定的专业机构可以提供这种服务。书面合同的日期和签名具有关键作用，可以确保文件的真实性和完整性，以杜绝篡改或伪造的现象。同样地，在电子交易中，保障交易文件日期和时间的安全性至关重要，数字时间戳则可被用来佐证电子文件的发表时间。

用户需要先通过 Hash 算法对文件进行加密，以生成数字时间戳所需的摘要。随后，将这份摘要发送给数字时间戳机构，这是一种数字时间戳服务提供商。

时间戳是一种数字授权证明，其涵盖文件摘要、接收文件的日期和时间，以及数字时间戳数字签名信息等。在以大数据为依托的电子商务运营中，用户可以使用数字时间戳来确定信息发送的确切时间，并与他们的商业伙伴共享这一时间戳。

五、数字证书和认证中心

（一）数字证书

数字证书是一个验证完成的数据记录，在内容上涵盖身份验证机构数字签名，内含用户身份和公钥信息。利用这种证书，我们可以在网络通信中确认通信双方的身份，其作用就好比现实生活中的身份证。身份验证机构可以使用数字签名来确认数字证书中的信息，以保证证书的真实性和合法性。用户的公钥的用处是确认数字信息传输的完整性，而用户的数字签名被用于验证数字信息的不可否认性。

数字证书由大家都信任的授权机构颁发，它主要被各种终端设备和用户用于证明在互联网上进行信息交流和商务活动的身份。纵观电子交易全过程，所有交易方都需要验证对方的数字证书是否有效，以使双方都能对对方产生信任。

数字证书采用公钥加密技术，这意味着它使用一对密钥，其中一个用来加密信息，另一个用来解密信息，二者之间是相互匹配的。每位用户都可以选择一把只有他们自己知道的私有密钥，用于进行解密和签名操作。在大数据驱动的电子商务运营中，信息发送方会使用接收方的公钥对机密数据进行加密，信息接收方则会使用其私钥进行解密，这样一来，双方就可以确保数据在传输过程中的保密性。

一个标准的X.509数字证书通常包含以下内容：①证书的版本信息；②证书的序列号，每个证书都有唯一的证书序列号；③证书所使用的签名算法；④证书的发行机构名称，命名规则一般采用X.500格式；⑤证书的有效期，现在通用的证书一般采用协调世界时（UTC）时间格式，它的计时范围为1950—2049；⑥证书拥有者的名称，命名规则一般采用X.500格式；⑦证书拥有者的公开密钥；⑧证书发行者对证书的名。

（二）认证中心

在进行电子交易时，交易双方通常需要依赖一个可信任、权威性高、公正性高的第三方机构来提供数字时间戳服务或颁发数字证书，此机构常被称作认证中心。认证中心能够依据处理数字证书申请、颁发、管理和验证用户身份等功能，为网络安全交易提供认证服务，并为促进电子商务的发展做出贡献。

顾客向认证中心申请证书时，可提交自己的驾驶执照、身份证或护照，认证中心经验证后，颁发证书给顾客。认证中心在创建证书的时候，认证中心系统首先获取用户的请求信息，其中包括用户公钥（公钥一般由用户端产生，如电子邮件程序或浏览器等）。认证中心将根据用户的请求信息产生证书，并用自己的私钥对证书进行签名。其他用户、应用程序或实体将使用认证中心的公钥对证书进行验证。如果一个认证中心系统是可信的，则验证证书的用户可以确信，他所验证的证书中的公钥属于证书所代表的那个实体。认证中心还负责维护和发布证书废除列表（CRL）。当一个证书，特别是其中的公钥因为其他原因无效时（不是因为到期），CRL提供了一种通知用户和其他应用的中心管理方式。认证中心系统生成CRL以后，要么是放到轻型目录访问协议（LDAP）服务器中供用户查询或下载，要么是放置在Web服务器的合适位置，以页面超级链接的方式供用户直接查询或下载。

六、防火墙技术

（一）防火墙的基本概念

Intranet 是企业电子商务系统的一个重要组成部分，Intranet 与 Internet 连接后，方便了企业内部与外部的信息交流，工作效率得到提高。然而，这也可能致使安全方面存在不确定性。为了确保信息和网络平台的安全性，同时实现与外部通信的目标，企业需要在内部网络和外部网络之间设置一种隔离物，以防止未经授权或有害的入侵事件发生。所有从内部网络到外部网络的通信都必须经过这一隔离物的筛选，这种如同屏障的隔离物称为防火墙（Firewall）。具体而言，防火墙实质上是一种系统，它可以通过结合软件和硬件设备，在内部网络和外部网络之间创建一道屏障，能够提高电子商务运作的安全性。

（二）防火墙的作用、安全控制策略

防火墙的主要作用是监控并控制互联网用户在内部网络和外部网络之间的访问，以及管理内部用户和外部资源之间的通信连接。在实施访问控制策略的前提下，我们可以利用防火墙提高电子商务运营的安全水平，确保电子商务的运作足够安全可靠。运用防火墙的具体方法有很多，但基本上，我们可以认为，防火墙主要包含两个机制：其一为拦阻转播流通行，其二是允许传输流通过，也就是所有未被明确授权的服务均属于被禁止访问的范围，用户可以访问的服务，都属于被允许的范畴。

（三）防火墙的功能

第一，过滤不安全服务。防火墙可以限制用户能够访问的服务，同时可以阻止除特定服务之外的所有数据流的传输，以确保网络安全免受攻击。防火墙还可以帮助电子商务系统平台摆脱网络入侵的干扰。防火墙最初会拦截所有信息，然后对邮局协议版本 3（POP3）、HTTP、FTP 等特定服务进行逐个开放。我们还可以利用防火墙，关闭所有存在安全问题或可能存在安全隐患的服务。这种方法非常有效，能够营造一个非常安全的环境，因为用户能够接触到的服务，都已经通过严格筛选。

第二，过滤非法用户和访问特殊站点。保证只有经过授权的用户可以访问所有电子商务应用。确保关键部门免受内部或外部威胁的影响。首先，技术人员应该设置防火墙，以使内部网络接受所有用户和站点访问，然后逐步根据 IP 地址

来限制未经授权的用户或不可信任的站点，这是一个更有效的做法，能够为人们提供更具灵活性的应用场景，也可以使网络管理员有能力为不同服务定制不同用户的访问权限，从而使自由设置用户权限成为可能。

第三，设置安全和审计检查。审核每一笔电子商务交易，以确保信息的安全性并明确责任归属。防火墙可被当作一种有效的电话监控（Phonetap）和追踪工具。在防火墙的功能范围内，记录、审计都是不可忽视的。依据这两种功能，管理员可以掌握关于数据流进入防火墙的类型和数量，以及针对防火墙的入侵尝试次数等重要信息。

第四，数据源控制。使用过滤模块来检查数据包的来源和目的地，根据管理员的规定来决定接收还是拒绝该数据包。

第五，应用与数据包级控制。扫描数据包的内容，查找与应用相关的数据。在网络层对数据包进行模式检查。

第六，对私有数据的加密支持。保证通过 Internet 进行的 VPN 和商务活动不受损坏。

第七，使用授权控制。客户端认证只允许指定的用户访问内部网或选择服务。

第八，反欺骗。欺骗是从外部获取网络访问权的常用手段，它使数据包好似来自网络内部，电子商务系统的防火墙应监视这样的数据包并能扔掉它们。

（四）防火墙的局限性

首先，防火墙未能有效地应对内部威胁。防范人为意图的攻击是一项挑战性很高的任务，密码泄露、用户错误操作都是时有发生的。另外，受病毒侵犯的文件或软件在恶意传输时无法得到有效限制。由于网络传输的二进制文件存在多种编码方式，同时存在各种结构和病毒，对所有病毒进行全面检测是不太可行的。其次，攻击者可能会将看似无害的数据发送或复制到内部主机，并使其在主机上实施攻击行为，这种攻击难以被监控、防范。因此，在进行电子商务运营时，我们必须对防火墙加以正确配置和利用。

第三节　电子商务法律、法规保障体系建设

在快速发展的互联网时代，电子商务已经成了经济社会发展的重要驱动力。然而，电子商务的发展也带来了一系列的法律问题。为了保证电子商务的健康有序发展，电子商务法律、法规保障体系的建设与完善显得尤为重要。

一、数据保护

在电子商务活动中，个人信息的保护是重中之重。随着互联网技术的进一步发展，个人信息的泄露和滥用问题日益突出。因此，建立完善的数据保护法律法规非常必要。首先，应加强对个人信息的收集和使用的监管。禁止未经用户同意，擅自收集和使用个人信息。其次，要建立个人信息保护的强有力的法律责任机制，对于违反个人信息保护规定的企业和个人应予以严厉处罚，以起到威慑作用。最后，还应加强对个人信息的审核和审查，建立政府与企业之间的合作机制，共同维护个人信息的安全。

二、消费者权益保护

消费者在电子商务活动中的权益保护问题一直备受关注。为了保护消费者的合法权益，我们需要制定一系列的法规。首先，加强对电子商务平台的监管。建立健全的信用评估机制，对不履行法律义务的电子商务平台进行处罚。同时，还应建立消费者维权机构，提供及时有效的投诉渠道。此外，还应鼓励电子商务平台自行建立投诉解决机制，加强企业之间的自律，提高消费者的维权便利性。只有这样，才能有效保护消费者的合法权益。

三、电子商务竞争监管

电子商务市场的竞争问题既是一种机会，也是一种挑战。为了保证公平竞争的环境，需要制定一系列的法规来监管。首先，应完善反垄断法规，对于滥用市场优势地位、限制竞争等行为加大打击力度。其次，要加强对虚假广告和不正当竞争行为的监管。对于虚假宣传、虚假销售等行为需要进行严厉处罚，以保证市场的公平竞争。最后，还应建立完善的争议解决机制，为纠纷当事方提供有效的解决途径。

四、知识产权保护

在电子商务领域，知识产权保护问题日益突出。为了保护创新和知识产权的权益，需要建立完善的法律法规。首先，应加大对网络侵权行为的打击力度。建立网络知识产权维权机构，加大对侵权行为的打击和处罚力度。其次，要加强知识产权的宣传教育，增强公众的知识产权保护意识。最后，还应鼓励企业加强自身的知识产权保护意识，主动维护自身的合法权益。

五、信用体系建设

电子商务的发展需要一个良好的信用环境。为了建立电子商务的信用体系，我们需要制定一系列的法规。首先，要加强对电子商务企业的信用评估和监管。对于存在违法违规行为的企业应予以纳入黑名单和限制措施。其次，要加强信用信息的采集和共享，建立信用信息数据库，为电子商务企业的信用评估提供数据支持。最后，还应建立信用惩戒机制，对于违反信用规范的企业和个人进行处罚。

六、跨境电子商务法规建设

随着全球化的推进，跨境电子商务成为电子商务的重要组成部分。为了促进跨境电子商务的发展，需要制定一系列的法规。首先，要加强对跨境电子商务平台的监督和管理。建立统一的进出口电子商务平台，加强数据的互通互认。其次，要加强对跨境物流的监督和管理。提高物流的效率和质量，降低物流成本。最后，还应加强与各国的合作交流，共同推进跨境电子商务的发展。

七、金融支付体系建设

电子商务的发展离不开金融支付体系的支持。为了保证电子商务的资金流动安全和便利，需要建立完善的金融支付体系。首先，要加强对第三方支付机构的监督和管理。建立健全的支付清算制度，提高支付安全性。其次，要加强对电子商务企业的资金流动监管。加强电子商务企业的资金监管和风险防范，遏制资金风险的产生。最后，还需加强国际支付的合作与交流，提高国际支付的便利性。

八、税收政策优化

电子商务的发展对于税收政策提出了新的挑战和考验。为了优化税收政策，需要制定一系列的法规。首先，要明确电子商务的纳税义务。建立电子商务纳税的明确规则，推动企业依法纳税。其次，要加强对电子商务的税收监管。提高对进出口电子商务的关税税率，保护国内企业的利益。最后，还应加强与各国的税收合作和交流，共同应对税收政策的挑战。

九、法律援助体系建设

在电子商务领域，法律援助问题日益突出。为了保障公众的合法权益，需要建立完善的法律援助体系。首先，要加强电子商务法律援助机构的建设。提供专业的法律援助服务，解决电子商务纠纷。其次，要加强对电子商务法律援助人员的培训和选拔。提高电子商务法律援助人员的专业素质。最后，还应加强电子商务法律援助的宣传和推广，提高公众的法律意识。

十、法律监督与执行

电子商务法律法规体系的建设需要强化法律监督和执行力度。首先，要加强电子商务法律法规的宣传和普及，提高社会对电子商务法律法规的认知度。其次，要加强法律监督机构的建设和培训，提高监督执法水平。最后，还应建立健全的法律监督和执行机制，对于违法行为坚决予以打击和处罚。

电子商务法律法规体系的建设与完善是电子商务健康发展的基础。我们需要从数据保护、消费者权益保护、电子商务竞争监管、知识产权保护等多个方面完善相关法律法规的建设。

第四节　电子商务诚信体系

随着互联网在我国的迅速发展及全球互联网的普及，电子商务正逐渐替代以往的商务交易模式，成为崭新的商业模式。但我国电子商务在逐渐前进的过程中，很多问题也随之凸显出来，例如，作为最突出的缺口问题之一，诚信体系成为电子商务发展的一大障碍，在电子商务未来的发展中起着不可小觑的作用。作为一类全新的商务交易形式，电子商务对我国乃至全球的经济发展都有着特殊的重要作用。作为电子商务进步的一个中心主题，诚信体系更加值得我们关注和重视，若要想电子商务有良好进展，我们就必须圆满创立电子商务诚信机制，促成政府信用监督机制的建设，构建电子商务诚信体系，加速电子商务发展进程。[①]

一、电子商务诚信体系的现状

我国电子商务的繁荣，用“一日千里”这个词来形容再合适不过了。在很大程度上，电子商务确实给了我们很多方便。网络购物这一模式本身具有的优越性和新颖性为人们提供了很多方便。但同时，随着电子商务的飞速发展，电子商务中的诚信问题也随之出现了，一些不法商家利用电子商务的虚拟性随意在网上发布各种虚假信息以诱导电子商务购物者的购买行为，如打着其他品牌商标贩卖假冒伪劣产品。有的网络消费者，利用对方的不知情，在网上购买商品并用过一段时间后，又退还给经营商。这样的行为不仅给他自己造成了一定的危害（直接穿没有洗过的衣服会对身体造成伤害，特别是贴身衣物），还会造成社会资源的浪费。由此，诚信问题也就格外严重，从而阻碍了电子商务的进步。电子商务诚信体系越来越成为限制电子商务井然有序地发展的瓶颈。

二、电子商务诚信缺失问题的表现

（一）网络诈骗行为频发

网络诈骗行为是指在网络购物时，电子商务经营者推广不完整的和子虚乌有的商品信息来蒙骗网络购物者的行为。例如，利用消费者追求物美价廉的心理将另外的商品打上名牌的标签，并低于正常价格售出，欺骗消费者。然而，网络诈骗行为不仅存在于网络经营者，还存在于购买者。例如，购买者收到货物后欺骗经营者商品是不合格的，或者利用 7 天无理由退货，先使用商品，再告诉经营者不符合自己的预期要求退货，以此来欺骗经营者并达到自己的目的。

（二）商品的质量问题

购物者只能肉眼看到商品的款式，并不能亲身体验实实在在的商品，摸不到商品的质量。有时，我们收到的商品与我们在图片上看到的商品并不完全一样，

① 魏丽丽．论电子商务诚信缺失现状及对策[J]. 山西煤炭管理学院干部学报，2009，22（3）：21–22.

如我们收到的商品会有色差，质量也没有商家承诺的那样好。某些商家就是利用这一特点，在网络上出售与实际不符的商品来达到欺骗消费者的目的。

（三）用户个人信息被泄露

由于互联网的迅速发展，个人隐私也越来越成为一个让人忧虑的主题。一些不法商家就是利用这一漏洞向购物者发送钓鱼网站，目的就是窃取购物者的个人信息，进而盗取其钱财。这些行为会极大地打击网络购物者的购买行为，对其心理造成一定的伤害，甚至会使其对电子商务丧失信心。

三、电子商务诚信缺失问题的原因分析

（一）缺乏管理

社会诚信记录、监管机制的不足，使诚信缺失者得以钻空子。如今，网络购物因为其自身的优势（如网络购物成本低廉、品种繁多、检索方便），给购物者提供了很多便利。但是，我国还未建立起完善的社会诚信记录和监管机制，对商家和个人不能有效进行管理和约束。

（二）不当利益的驱使

不当利益的驱使，有害于电子商务的稳定发展。由于不当利益的驱使，一些人轻视道德和法律，在网络时空中毫无顾忌，部分商家往往只注重短期效益，缺乏责任意识，诚信意识淡薄。

（三）立法滞后

立法不健全，很难满足电子商务的成长需要。当前，电子商务的立法仍滞后于实践，这也主要是由于我国还没有形成完备的电子商务法律法规体系，如没有完善的网上安全支付协议的支撑，银行很难建立支付网关。

（四）监管难度大

网络经营门槛较低，法律法规不健全，政府职能部门监管难度较大。

四、电子商务诚信体系构建的建议

（一）消费者个人的诚信建设

诚信从来都是中华民族的传统美德，更是每个人的立身之本。对于消费者而言，在进行网络购物时要做到不提供虚假订单信息、不欺骗商家、不故意退货，这样诚信消费才会逐渐成为一种良好习惯。

（二）企业的诚信建设

作为电子商务诚信体系建设中的重要主体，企业应该利用自身的优势，经常通过网络与客户保持联系，以便了解客户对产品和服务的需求，并对他们的需求做出及时的解答。企业应当将线上业务与线下服务相统一，提高服务水平，随时关注客户的需求并及时回复，保障并提高产品和服务质量。要想在激烈的电子商务竞争大战中赢得桂冠，企业就要严格把控质量关和诚信关，只有取得了消费者的信赖，电子商务企业才能继续发展。

（三）政府和社会的诚信建设

作为电子商务诚信体系中的决定力量，政府更要发挥自身的优势，展示自身的公信力，逐渐完备现有的电子商务法律体系。

诚信是影响电子商务发展的重要原因，需要我们全社会的共同努力来为电子商务的稳步发展提供一个健康有序的环境。作为个人，要秉承诚信做人做事的原则参与其中，不提供虚假个人信息。作为企业，要秉承做良心企业的原则，不提供虚假商品参数信息、不做虚假广告、不欺诈用户、不隐瞒产品事实真相、不提供假冒伪劣产品诱导消费者。作为政府，要加强监督管理，加大监管力度，建立健全法律法规等。

五、电子商务诚信体系构建的意义

（一）有利于企业电子商务诚信体系的建立

企业电子商务的诚信管理是企业诚信体系的组成部件，两者共同建立的目的都是对客户进行风险评估和控制，提高企业的竞争力，开拓更广阔的市场。建立健全诚信体系有利于电子商务的发展；电子商务的发展也推动了诚信体系的建设，两者相互促进、相互影响。

（二）有利于电子商务的健康有序发展

诚信体系的创立，对于电子商务的快速发展至关重要。随着全球经济一体化进程的加快，电子商务蓬勃发展，但也面临着一些恶意欺诈、盗版假冒等违法现象，这些不良行为给电子商务发展带来了一定挑战。因此，要完善电子商务诚信体系，必须加强对在线交易者身份的确认，以确保电子商务信用体系的良性、健康、有序发展。

（三）有利于提高企业的国际竞争力

在我国加入世界贸易组织（WTO）之后，竞争也日益激烈，外国企业也来势汹汹，国内企业要想打破传统，立足本国，走向世界，就离不开电子商务引领。因此，创立电子商务诚信体系可以为企业开展电子商务提供强有力的支撑，从而提高企业电子商务发展国际化水平。

第五节　基于大数据的消费者隐私保护

一、基于大数据的消费者隐私保护概述

基于大数据来保护消费者个人隐私是一种重要的信息安全手段，它是指采取法律手段、增强消费者保护隐私意识、改善信息安全技术等方法，以保护消费者在电子商务活动中的个人隐私不被泄露，从而保障消费者的人身和财产安全。

二、基于大数据的消费者隐私保护的必要性

在电子商务领域，消费者个人信息的泄露是一个普遍存在的现象，这类现象会给消费者带来严重损害，因此我们需要确保在消费者进行在线交易时，其个人隐私信息得到妥善保护。第一，确保电子商务消费者的隐私权得到有效保护至关重要，所有移动应用程序和网站必须遵守相应的隐私政策承诺，以确保用户个人信息不被泄露，这在电子商务中是极为关键的，因为它对于业务的顺利运营起着至关重要的作用。若消费者隐私被泄露，导致人身或财产受损，相关 App 或网站管理者将要承担一定的法律责任。另外，该网站或 App 可能会失去消费者的信任，不利于电子商务交易的长足发展。因此，保护消费者的隐私安全对于消费者和网

站或 App 管理者都是至关重要的。第二，保护消费者隐私的首要目标是保障他们在电子商务中的人身和财产安全。在电子商务中，消费者扮演着关键的角色，他们参与并推动着所有商业活动的展开。在消费者的隐私受到侵犯时，他们将丧失对电子商务的信任，这可能会使电子商务的增长速度放缓。因此，保护消费者隐私安全对于促进电子商务经济的增长至关重要，同时这也决定着未来电子商务能否快速、稳健地发展。第三，电子商务环境足够稳定、足够安全，是消费者对其产生信任的必要基础。电子商务的发展取决于消费者的支持，如果失去消费者的信任，电子商务就会无法继续运营下去。在电子商务中，保护消费者隐私，构建安全、高效、稳定的电子商务环境是至关重要的，这有助于网站或应用程序赢得消费者的信任，进而有助于推动电子商务的进一步壮大。在电子商务中，隐私泄露可能会产生以下不良影响。

（一）会影响消费者的人身安全

如今，消费者在浏览应用程序和网站时，通常必须提供个人信息以完成注册。在这种情况下，许多不法分子可能会获取消费者的住址等个人信息，进而对消费者的人身和财产安全构成一定的威胁。这一现象在快递行业中表现得较为明显，因为每个快递包裹都有详细的寄件人和收件人信息记录，具体涵盖姓名、地址、手机号码，还有物品清单和签收记录等。不法分子可能会利用上述的各种信息，危害消费者的人身安全。

（二）会造成消费者的财产损失

如果黑客获取了消费者的个人信息，如姓名、电话号码和地址，他们可能会伪装成银行等机构，然后实施电话诈骗。举例而言，一位在网络上备受关注的知名人物，因为被黑客获取了个人信息，最终损失了 16 万元。对此，相关部门已经采取了具体举措来解决这些问题，如在包裹上贴上隐私标签、完善信息安全制度、加强技术防范措施等。这样可以有效降低信息泄露问题发生的可能性，从而更好地保护消费者的财产安全。

（三）会降低消费者对电子商务的信任度

当消费者的个人信息被泄露后，其人身和财产安全将面临不可控的风险，这往往会导致消费者对网络交易失去信任，进而对在线交易的发展构成严重阻碍。就日常生活而言，许多消费者会遭遇一些游戏和应用程序的推广通告，也可能会接到一些来电显示未知号码的电话，这些可能都是个人信息泄露的结果①。

三、基于大数据的消费者隐私保护存在的问题

（一）法律体系不够健全

目前，我国政府已制定了一些法规和管理政策以促进电子商务的快速发展，但在保护消费者隐私方面的法律条款仍不够完善、系统和全面。究其原因，我国现行法律制度没有在消费者隐私保护原则、权利和责任，以及信息处理规范等方面划定清晰的边界，监管机制和体系难以充分揭示电子商务活动的本质特征。在这种情况下，我国需要加强健全规范的制度，以确保互联网使用有清晰具体的法律和政策指引。当前，网络企业在进行电子商务交易时经常无法遵从相关的消费者个人信息保护要求。最近几年，中央广播电视总台 3·15 晚会曝光了一些侵犯消费者信息权益的违法行为，这表明随着社会经济的进步，保障个人信息安全已经成为保护消费者人身权利不容侵犯的、不可忽视的一部分。中央广播电视总台致力于加强消费者对安全问题的认知，帮助他们更全面地了解新兴安全技术领域可能面临的风险，引导他们在面临具体情形时，科学采取相应的预防措施。与此同时，消费者也开始重视个人信息保护法律法规体系的建立。

（二）安全技术不满足发展需求

随着大数据时代的到来，网络技术迅速发展，这使得消费者的在线商业活动日益频繁。消费者对在线服务需求的增长，无形之中使得犯罪分子有了更多机会去盗取信息。在如今的电子商务领域，加密、数字签名和认证等技术是较为常见的，这些技术的主要作用是确保网络信息的安全性。最近几年，电子商务迅速发展，催生了许多新技术，如大数据、云计算和人工智能。随着电子商务的迅速发展，如果安全技术无法及时跟进以保持有效性，那么人们就会对电子商务产生担忧情绪，消费者的私人信息也有泄露的风险，这对于他们的人身和财产安全将造成潜在威胁，并对电子商务的发展带来不利影响。

（三）消费者隐私保护和法律意识较差

就目前形势看，我国的经济增长迅速，已成为全球互联网用户数量最多的国家之一。不过，虽然我国普遍使用互联网信息技术，但是与之形成鲜明对比的是，

① 高迪 .B2C 电子商务环境下用户隐私保护研究[J]. 才智，2016（23）：237-238.

广大网民对个人信息保护意识较为不足。一些人对个人信息安全保护的重要性认识不足，他们可能在注册网站时匆忙地忽略相关条款，或者没有意识到在未经授权的情况下，自己已经向第三方网站共享了个人信息，从而造成信息泄露。还有一些人在进行在线购物时，可能由于不够重视网络安全问题，忽略或延迟清除浏览记录、查看产品详情和评价商品等行为，使得个人信息容易遭受不法分子的利用，导致隐私泄露而不自知。除此之外，很多人并不了解互联网的相关法律，或者相关意识较为淡薄，甚至没有考虑到自己可以利用法律来保护自己的合法权益。因此，他们常常为了避免麻烦而选择妥协，这就为不法分子提供了机会，让他们可以利用所窃取的个人信息来谋求私利。

（四）消费者维权路径较少

如今，还没有明确出台专门用于裁决消费者是否有权要求从事电子信息商务的实体经营者提出损害索赔并要求其提供赔偿的相关法律法规。对于消费者来说，要在现行法律框架和隐私权利下面提出侵权民事诉讼并证明侵权行为和影响之间的因果关系、损害程度，以及确定自己有资格获得赔偿是非常困难的。一些备受瞩目的网络安全问题，包括在网络上进行消费者的机密信息交易、泄露个人隐私、传播恶意软件以窃取用户账户密码、收集他人真实姓名和信息，以及实施欺诈等，由于监管部门的管理规定不清晰，很容易引发人们的争议。这主要是因为法律条文存在缺陷，加上执法和监督机制不够完善，有些法律不能得到有效执行，执法不力的现象较为常见，进而导致相关法规的保护作用发挥不到位，消费者很难找到维权的合理路径。

四、基于大数据的消费者隐私保护的应对策略

（一）健全消费者隐私保护法律法规

我们应当将我国在电子商务领域的个人信息保护工作单独列出，并有计划地制定专门的规范标准与规定，同时要确保这些规定可以直接适用于解决涉及在电子商务中保护消费者个人信息方面的问题。相关部门需明确电子商务交易中涉及的个人数据种类，并确保尊重和保护个人数据隐私权利。在电子商务中，消费者具有诸多权利，其中之一便是能够自主选择是否向商家提供个人信息。此外，消费者在电子商务领域具备知情权，该权利具体包括信息的搜集和使用等方面的隐私保护；具备根据自身意愿修改、削减私人资料的权利，以及要求相关方基于侵

犯行为造成的损失而提供赔偿的权利。相关部门应对侵害消费者合法权益和泄露个人信息的行为进行惩处，明确责任范围，建立有效的惩罚机制，以规范电子商务交易活动。即使泄露消费者的个人信息并未直接导致经济损失，这种行为仍然可能会对消费者的精神产生不利影响，因此我们必须提出适当的规范，以减少甚至杜绝这种侵权行为。与此同时，我国有关部门需要更新和扩展《中华人民共和国消费者权益保护法》中关于保护消费者个人信息在电子商务交易中的相关规定，以适应新的社会经济发展形势，保护消费者权益，促进社会经济的稳步发展，从而最大化地发挥法律的效用。

（二）加强消费者隐私保护安全技术

随着信息技术的不断进步，人们可以利用多元化的方式获取信息。虽然许多网站和应用已经制定隐私政策并使用防火墙技术来保护用户隐私，但是当前的隐私保护系统仍然显得过于简单，无法满足现代社会对隐私保护的需求。因此，在加强消费者隐私保护的同时，相关技术人员应该提升电子商务领域的隐私安全技术，提高隐私保护协议的安全性水平，并引入前沿安全技术，以确保消费者的个人信息不会在网站或应用程序上被泄露。这将有效解决消费者隐私泄露问题，增进消费者对网站或应用程序的信任，并更好地保护消费者个人隐私信息，进而为广大消费者提供更优质的服务体验。

（三）增强消费者隐私保护意识

从社会群体角度看，我们需要加强对消费者综合安全在电子商务中的重要性在社会范围内的宣传和教育，以提醒社会个体增强保护信息的意识，增强在进行网购前的风险感知和信息安全审查能力。举例而言，在进行在线购物时，消费者应该先确认所选择的电子商务平台合法、安全且信誉可靠，还要注意保持稳定安全的网络环境，在交易前需仔细检查网络设备是否存在潜在安全风险。其次，消费者要培养良好的网购习惯，定期清理浏览历史，确保个人隐私得到有效保护，不会被恶意泄露出去。在日常生活中，消费者必须严肃细心地管理个人的网络资料，绝对不能因为眼前的蝇头小利而随意透露身份证、银行卡号及密码等重要信息。需要强调的是，消费者还需要定期学习并了解相关法律法规，留意个人信息侵犯案例，加强自身对维护个人信息权益的法律觉悟。一旦发现在网络上个人信息被泄露，消费者应立即采取行动予以补救。这也从侧面反映出，消费者要不断增强保护个人信息与财产权益的意识，积极运用合法手段维护自己的权益。

（四）完善消费者维权途径

我国需要成立一个独立的机构，该机构需专门负责保护消费者个人信息的工作，并且我们要不断完善该机构的运作机制。此外，我国相关部门需要确保这些机构在发现电子商务行业严重侵犯消费者个人信息和权益的违法行为的情况下，可以随时展开调查、介入并提起民事诉讼。例如，一家电子商务平台违反规定或蓄意侵犯了消费者的个人信息权益，上述机构有权取消或暂停该平台的电子商务资格认证。我国相关部门还需要确保监督维权组织在执行职责的过程中，不仅可以行使所拥有的权利，还能够确保保密、提供证据和独立执行任务。此外，我们有必要拓宽消费者的投诉和举报渠道，设立专用电话热线和在线平台，以便消费者能够迅速反馈问题。

第七章　基于大数据的电子商务数据分析

本章为基于大数据的电子商务数据分析，共分为4节，分别是电子商务大数据导论、电子商务大数据采集与预处理、电子商务大数据分析、案例分析。

第一节　电子商务大数据导论

随着大数据时代的发展，数据对于企业或店铺的经营起着至关重要的作用，而电子商务大数据是电子商务企业运营的基础，运营好店铺的秘诀就是加强对电子商务大数据的了解与分析。

一、电子商务大数据的概念

电子商务大数据是指企业或店铺进行电子商务活动时产生的数据，在此活动中一般主要生成两种数据，分别为行为数据和商务数据。行为数据是指能够反映用户行为的数据，如用户访问情况、用户使用记录。例如，微信朋友圈广告是基于微信公众号生态体系来推送给用户的，这类广告以类似微信好友的朋友圈动态形式展现。不同人群的微信朋友圈收到的推送广告不尽相同，首先大数据后台收集手机用户的行为数据，其次数据分析人员根据数据信息得出用户特征，再根据分析结果进行精准营销。商务数据是指能够反映企业运营状况的数据，如企业产品交易量、企业投资回报率等。

二、电子商务大数据的类型

由于分析需求不同，需从不同的维度去划分数据。按照数据的形式不同，数据可划分为数值型数据与分类型数据。按照数据的内容不同，数据可划分为市场数据、运营数据和产品数据。下面将逐一解释每种数据的具体概念。

（一）按照数据的形式划分

1. 数值型数据

数值型数据指的是由数字构成的一类数据，想要对其进行计算，我们可以以自然数、度量衡单位为标准。

2. 分类型数据

分类型数据能够被用于呈现事物类别，如产品种类、价格区间及品牌名称等。

（二）按照数据的内容划分

1. 市场数据

市场数据包含行业数据和竞争数据。

①行业数据是指企业在整个市场发展的相关数据，包括行业总销售额、行业增长率等行业发展数据，需求量变化、品牌偏好等市场需求数据，地域分布、职业等目标客户数据。

②竞争数据是指能够揭示企业在行业中竞争力情况的数据，包括竞争对手的销售额、客单价等交易数据，活动形式、活动周期等营销活动数据。

2. 运营数据

所谓运营数据，指的是不同店铺、不同企业在日常经营活动中产生的数据，分别是客户数据、推广数据、销售数据、供应链数据。

①客户数据是指客户在购物过程中的行为所产生的数据，如浏览量、收藏量等。

②推广数据是指企业在运营过程中的推广行为所产生的数据，如各推广渠道的展现、点击、转化等。

③销售数据是指企业在销售过程中产生的数据，如销售额、订单量、交易数据响应时长、订单转化率等。

④供应链数据是指产品在采购、物流、库存过程中产生的数据，如采购数量、采购单价等采购数据，物流时效、库存周转率、残次库存比等仓储数据。

3. 产品数据

产品数据包括行业产品数据、企业产品数据两种类型。行业产品数据指的是在整个市场范围内，产品所呈现出的数据，行业产品交易、行业产品搜索等方面的指数都属于这类数据。企业产品数据指的是在特定的企业内，产品所表现出来的数据，产品重复购买率、新访客点击率、产品毛利率等都属于这类数据。

比较常见的电子商务数据有展现量、浏览量（PV）、访客数（UV）、点击转化率及支付转化率。

展现量是指店铺或商品被展现的次数，简单来说，就是商品所在页面被打开的次数。更加通俗地说，展现量是指商品上架发布之后，当客户搜索产品的关键词时，该店铺商品被客户浏览的次数。展现量是一个非常重要的参数，也是一个非常基础的数据，如果展现量很少，那么后续的浏览量、点击转化率和支付转化率也都会相应较低

浏览量是指客户浏览该页面或点击该页面的点击率，客户每次打开或刷新该页面都会增加浏览量。在电子商务中，浏览量是指店铺或商品详情页被访问的次数。

访客数是指通过互联网访问、浏览该页面的人数，此“访客”是指独立用户，即访问店铺的计算机客户端或手机端的一个访客。例如，使用一台计算机或一部手机访问店铺，那么访客数就是 1，而使用这台设备一天中多次访问店铺，访客数仍然是 1。

点击转化率是指统计周期内，成交笔数与点击量的比值，如店铺的 100 个点击为店铺带来多少笔成交数。

支付转化率是指统计周期内，支付买家数与访客数的比值，即访客转化为买家的数量与访客数的比值。支付转化率是影响商品排名的要素之一。

第二节　电子商务大数据采集与预处理

一、电子商务大数据的采集

（一）电子商务大数据采集的含义及原则

1. 电子商务大数据采集的含义

电子商务大数据采集，又称电子商务大数据获取，是指利用设备或技术手段从现实环境及网络环境中获取电子商务数据以供使用。

2. 电子商务大数据采集的原则

（1）及时性

进行电子商务数据采集需要尽可能地采集电子商务平台的最新数据，只有将最新数据与往期数据进行对比，才能更好地发现当前的问题，并预测变化趋势。

（2）有效性

在获取电子商务数据的过程中，需要注意数据的有效性，如将 10 年前的数据用作当前决策的数据支撑，明显是不可取的。

（3）准确性

在电子商务数据分析过程中，每个指标的数据可能需要参与各种计算，有些数据的数值本身比较大，参与计算后可能会出现较大的偏差，在采集电子商务数据时需要确保所采集的数据是准确无误的，避免数据分析时出现较大偏差。

（4）合法性

数据采集时还需要注意数据采集的合法性。例如，在商业竞争中，采集竞争对手数据时只能采集相关机构已经公布的公开数据，或者是在对方同意的情况下采集相关数据，而不能采用窃取或商业间谍等非法手段采集相关数据。

（二）电子商务大数据采集的平台

随着电子商务经营者对数据分析越来越重视，各种数据分析平台也层出不穷，可分为站外数据分析平台和站内数据分析平台。

1. 站外数据分析平台

（1）Alexa

Alexa 是一家专注于免费提供网站流量统计数据的公司，该公司致力于开发网站流量分析和网页信息抓取工具，其最显著的特征是评级系统，对于用户衡量网站访问量起着至关重要的作用。在网络上，网站的排名通常包括综合排名和分类排名两种类型。

①综合排名。综合排名是指某网站在所有网站中的排名，该平台的网站综合排名以网站的页面浏览数、消费者链接数等为依据，每 3 个月会重新公布一次。

②分类排名。分类排名主要分为两种形式：一种是按主题分类，如新闻、娱乐和购物网站等，Alexa 给出某个特定网站在同一类网站中的名次；另一种是按语言分类，如英文、中文网站等，Alexa 给出特定网站在所有此类语言网站中的名次。

（2）阿里指数

阿里指数是阿里巴巴集团官方提供的免费数据分享平台，不同人群利用该平台可以获取不同的数据。阿里指数的主要功能为区域指数查询与行业指数查询。

①区域指数查询。

A. 贸易往来：显示所查询的地区（自动识别为商品输出地区）与商品输入

地区最热门的交易类目，并以不同面积的圆形显示前 10 名的交易类目名称，用户可以直观地查看各类目的销量情况。在“贸易往来”区域右上方还可更改商品输入地区，也可在设置好商品输出地区和商品输入地区后，单击“交换”按钮，快速实现商品输出地区和商品输入地区的互换操作。

B. 热门类目：点击“热买”或“热卖”超链接，页面可以显示查询地区前 10 名的热门购买类目和热门销售类目，以及对应的区域。将鼠标指针移至地图上的某个区域时，该区域的热门类目也会显示出来。

C. 搜索词排行：可以显示查询地区搜索指数最热门的 10 个搜索词和涨幅最大的 10 个搜索词，并显示对应搜索词的搜索涨幅数据。单击“操作”栏下的“趋势图”按钮，则可显示对应搜索词近 7 天的搜索指数折线图。

D. 买家概括：可以显示查询地区消费者的性别占比、年龄阶段占比、爱好（喜好度）占比、淘宝会员等级占比，以及终端偏好占比等数据，用户能够直观地看到该地区消费者的情况。

E. 商家概括：可以显示查询地区商家的主营行业占比、星级占比和经营阶段占比等数据，用户能够直观地查看该地区商家的总体情况。

②行业指数查询。

A. 搜索词排行：可以显示所查询行业中搜索指数最热门的 10 个搜索词和涨幅最大的 10 个搜索词，并显示对应搜索词的搜索涨幅数据。单击“操作”栏下的“趋势图”按钮，可显示对应搜索词近 7 天的搜索指数折线图。

B. 热门地区：可以显示查询行业中最热门的购买地区和销售地区。

通过行业指数查询功能也可以查看该行业中消费者和商家的构成情况，其与区域指数查询中的消费者与商家构成大致相同。

（3）百度指数

百度指数指的是一个基于百度网民行为数据的数据分享平台，可显示特定关键词在百度上的搜索量、波动趋势和搜索者构成等多样化数据。百度指数的功能主要分为趋势研究、需求图谱和人群画像 3 部分。

①趋势研究。趋势研究是百度指数的默认显示模块，可以反映搜索指数和资讯指数的趋势。

A. 搜索指数趋势：在打开百度指数的界面后，默认界面显示的是近 30 天在全网的计算机端与移动端的搜索指数趋势图。在界面的右上方可手动设置搜索的时间、天数和地域范围等，或者可以通过拖动下方滚动条更改时间取值。

B. 对比多个对象的搜索指数：若想增加关键词对比数量以查看不同关键词

的对比情况，可单击“添加对比”按钮，然后在文本框中输入需要对比的关键词，如输入“营销”。单击“确定”按钮，界面趋势图中显示两条趋势线，分别对应关键词“电子商务”和“营销”，可以同时看到两个关键词搜索指数概览。

C. 资讯指数：该数据是指新闻资讯在互联网上对关键词的相关报道及关注指数，是以百度的推荐内容和智能分发的数据为基础，将有关键词的报道，以及文章的阅读数、评论数、转发数、点赞数等通过加权求和得出的资讯指数。与搜索指数相同，资讯指数概览中同样会有关键词的日均值、同比和环比等指标的对比。

②需求图谱。需求图谱是指用户在搜索某词前后的搜索行为变化中表现出来的相关关键词需求。从图谱中可以观察到用户对关键词的关注点和关注程度，关键词圆球的大小表示搜索指数的大小，红色的圆球代表搜索指数上升，绿色的圆球代表搜索指数下降。在需求图谱的下方，有相关词热度的列表，分别有两列数据显示，一列是搜索热度排行，一列是搜索变化率排行，可通过相关词的搜索热度，探寻用户的真实需求。

③人群画像。百度指数的人群画像功能可以为用户提供地域分布、人群特征和兴趣爱好等方面的信息。通过详细分析，用户可以获得某些关键词在各省市和地区的排名信息。人群属性可以为用户提供某些关键词在不同性别、不同年龄的群体中被搜索的频率占比。通过兴趣分布，用户可以获得百度用户的搜索行为、画像库等数据，进而了解对特定关键词加以关注的人群分布信息，和其与全网平均表现的对比情况。

2. 站内数据分析平台

在目前的电子商务领域中，类似工具有很多，如生意参谋、客户关系管理（CRM）等。

（1）生意参谋

生意参谋是阿里巴巴集团官方推出的数据分析工具，它致力于为电子商务、淘宝商家提供精准和实时的数据统计、多维数据分析和权威数据解决方案。商家通过生意参谋可以了解店铺目前的经营状况，包括流量情况、访客数、销售情况、推广情况等，也可以分析商品交易、营销、物流、市场行情、竞争对手等数据。淘宝和天猫的商家都非常热衷于使用生意参谋来进行数据分析。输入账户和密码并登录，即可访问生意参谋，查看和分析各方面的数据。生意参谋的主要功能如下。

①店铺概况显示。完成登录生意参谋步骤，用户能够立即在默认首页获得与

商铺数据紧密相关的所有信息，包括转化率、销售额、流量、访客数量、推广效果及退款情况等。主页的顶部可为用户提供与他们店铺有关的整体经营数据信息。

②实时直播。单击生意参谋上方导航栏中的“实时”超链接，可进入实时直播板块，此功能会将店铺的实时概况、实时来源、实时榜单、实时访客、实时催付宝等数据进行汇总显示，单击左侧导航栏相应的超链接即可显示对应的数据信息。

③经营分析。生意参谋具备经营分析功能，该功能涉及商品、流量、服务、交易、物流和营销等多方面的数据。用户只需点击顶部菜单栏上的选项，就可以访问相关的数据分析板块，其左侧菜单栏可以帮助用户更为便捷地查看数据内容。

④市场与竞争分析。商家可以根据自身需求决定是否购买生意参谋的市场与竞争板块。市场竞争板块可以帮助商家查看市场动态和竞争对手的信息。具体而言，商家可以通过市场板块浏览市场的整体数据表现、排名情况、热门搜索关键词及用户搜索数据等内容，也可以通过竞争板块研究和分析竞争对手、同行业产品及品牌等方面的数据。

⑤报表生成。在生意参谋的顶部菜单中找到“取数”选项，然后点击左侧的“新建报表”选项。在弹出的窗口中填写时间、维度、指标等相关信息，并最后点击“生成报表”。这一流程结束后，我们就可以创建出报表。

（2）CRM

CRM 软件是一种应用系统，它可以利用网络技术，重新设计公司商业流程、整合客户信息资源，从而实现更有效的客户关系管理。这种软件还可以被当作数据分析工具，以促使企业内部更好地共享信息和资源。

电子商务中涉及的 CRM 都是指 CRM 软件，它是一种客户关系管理的工具。商家通过挖掘既有数据及潜在数据，如消费者购买价格、购买好、购买种类、消费特征等，以消费者为中心，了解消费者需求，对消费者实施一对一的个性化服务，实现节约人力成本、降低使用成本和加强营销效果的目的。

① CRM 的运用范围。

A. 消费者联系提醒：包括今天或明天应联系的消费者、逾期未及时联系的消费者、逾期未及时下单或长期没有业务往来的消费者。

B. 消费者资料查询和分析统计：按消费者名称关键词模糊查询，防止撞单；包括每天与消费者沟通、互访内容的查询和分析。

C. 业务员数据查询与提醒：包括业绩查询和统计、应收款提醒，以及工资、提成、费用查询。

D. 销售数据查询与分析统计：包括订单查询及交货提醒、销售部门业绩统计和出货单打印。

E. 应收款：有哪些应收款、逾期未收的应收款；哪些消费者应收款比例较大，哪些消费者逾期款累计金额超限、账龄过长。

F. 费用查询和统计：查看企业各类费用的支出情况和明细，可按费用大小、费用项目，年、月，业务员进行统计，显示统计图表。

② CRM 的选择。

CRM 软件有很多，如数云 CRM、开源 CRM、商派 CRM、客道 CRM 等，它们都是由专业公司开发的。这些软件的功能大同小异，只是关注的重点不同，功能有强弱之分。如何选择适合自身的 CRM，可以参考以下两个方面。

A. 软件关注的重点：CRM 可以被划分为操作型和分析型两个主要类别，当然也有兼具这两种特性的软件。操作型 CRM 专注于优化业务流程和记录数据，以便用户能够轻松操作，其界面可谓较为"亲民"；借助对商家日常数据进行深入研究和分析，分析型 CRM 通常能揭示消费者、商品和服务的特点，以协助商家改进其产品研发方向和营销规划。

B. 软件的技术层面：CRM 包括托管型、预置型两种类型。托管型 CRM 所面临的一个主要挑战是如何有效应对数据安全问题，预置型 CRM 所面对的挑战则是如何促使经验丰富的商家，将重要数据储存在商家无法掌控的环境中。

二、电子商务大数据的预处理

在当今信息化时代，电子商务已经成为商业领域中不可忽视的一部分。随着互联网的迅速发展和智能设备的普及使用，大量的数据被生成和囤积。这些数据蕴含着宝贵的商业价值，通过对这些数据的分析挖掘，企业可以更好地了解市场需求、优化运营策略、提升用户体验等。然而，在进行电子商务大数据分析之前，对数据进行预处理显得尤为重要。

（一）数据预处理的重要性

1. 提高数据的质量

在进行大数据分析之前，需确保所使用的数据具有高质量。数据质量的不稳定性将直接影响到后续的分析结果，甚至可能导致错误的决策。因此，数据预处理是保证数据质量的重要环节。

2. 降低维度的复杂度

电子商务数据通常包含多个属性，如交易时间、地理位置等。其中，有些属性可能不太重要或存在严重的缺失值。通过数据预处理，可以对属性进行筛选、简化和补全，降低数据维度的复杂度，为后续分析提供更清晰明了的数据基础。

3. 提高模型的准确性

数据预处理技术可通过清洗、平滑、集成、转换和规约等方法对数据进行处理，以提高数据的准确性和一致性。准确的数据将为模型的训练和预测提供可靠的基础，从而提高分析模型的准确性和可靠性。

（二）常用的数据预处理技术

1. 数据清洗

数据清洗是指处理那些存在误差或不完整的数据的过程。通过检测和纠正错误数据、填充缺失值及删除重复数据等方式，确保数据的准确性和完整性。

（1）数据清洗的目的和意义

①提高数据质量：去除错误、缺失、重复等数据，提高数据准确性和完整性。

②提高数据分析效果：清洗后的数据更易于分析提高数据分析的准确性和效率。

③提高决策质量：基于清洗后的数据做出的决策更准确、更可靠。

④提高企业竞争力：通过数据清洗提高企业运营效率，增强企业竞争力。

（2）数据清洗的步骤

第一，选择合适的数据清洗工具。

第二，确定数据清洗的目标和标准。

第三，对数据进行筛选，去除重复、缺失、异常值等。

第四，对数据进行过滤，保留有效、有价值的数据。

第五，对清洗后的数据进行验证，确保数据质量达到预期效果。

2. 数据平滑

数据平滑是通过消除或缓解数据中的噪声或异常值，使得数据更加干净和可靠。平滑方法包括移动平均、加权平均、中值滤波等。

3. 数据集成

数据集成是将来自不同数据源的数据合并到一个一致的数据存储中的过程。常见的数据集成方法有数据冗余消除、冲突解决和数据映射等。

4. 数据转换

数据转换是指将原始数据进行规范化、标准化或离散化等处理，使其符合特定的分析要求。例如，将连续数据转换为离散数据可以更好地适用于某些分类算法。

5. 数据规约

数据规约通过选择与分析目标最相关的特征或属性，减少数据集的大小，提高分析效率和模型速度。常用的规约方法包括主成分分析法和因子分析法。

（三）数据预处理的未来展望

1. 技术发展

随着大数据和人工智能技术的发展，数据清洗和预处理技术将更加智能化、自动化。

2. 应用领域

数据清洗和预处理技术将广泛应用于各个行业，如金融、医疗教育等。

3. 挑战与机遇

数据清洗和预处理技术将面临数据安全、隐私保护等挑战，同时也将带来新的商业机会和发展空间。

4. 发展趋势

数据清洗和预处理技术将朝着更加高效、准确、智能的方向发展，以满足日益增长的数据需求。

数据预处理在电子商务数据分析中具有重要的意义。通过对数据进行清洗、平滑、集成、转换和规约等处理，可以为后续的数据分析提供准确、完整、一致和可靠的数据基础。同时，数据预处理还可以减少计算复杂度和提高处理效率，为电子商务企业提供更好的决策支持。因此，在进行电子商务数据分析前，进行数据预处理是必不可少的环节。

第三节　电子商务大数据分析

电子商务可以通过数据化对企业或店铺进行监控和改进。通过数据，企业或店铺可以了解消费者的来源、客户画像、产品的销售效果，以及如何调整运营方式对店铺进行改造。另外，可通过数据了解投放广告的效果，基于数据分析的结果，提升企业或店铺的盈利。

一、电子商务大数据分析的概念和要素

（一）电子商务大数据分析的概念

电子商务大数据分析主要是通过处理大量的数据，即用户的交易信息（如购买时间、商品数量、支付金额等），发现其后隐藏的规律，同时将其模型化，来辅助完成决策。简单地说，电子商务大数据分析是指利用各种手段有目的地对收集的数据进行整理、汇总归纳和处理分析，提炼出对我们有帮助的信息，最大化地发挥这些数据的作用，是对数据进行研究到形成结论的一个过程。

（二）电子商务大数据分析的要素

1. 商业敏感度分析

电子商务企业的数据分析人员必须具备从枯燥的数据中发现市场密码的能力。例如，具备一定商业意识的数据分析师会从店铺婴儿车销量的增加中预测出奶粉的销量也会上升；或者店铺销售不同商品的目的并不相同，销售有些商品是为了盈利，销售有些商品是为了促进商品销量，销售有些商品是为了吸引流量，不同的商品在店铺或网站的摆放位置是不同的。

2. 转化率是关键，ROI 是最终目标

电子商务网站为企业或商家经营而服务，让企业或商家的市场销售成本降低。对于企业或商家来说，降低了企业或商家与客户之间的交易成本，便会提高商品的利润。因此，对于电子商务企业或商家来说，转化率是关键，这里便引出了另一个词汇——投资回报率（ROI）。投资回报率指的是企业通过投资得到的回报价值，它涵盖了企业的获利目标。

3. 异常变化的原因分析

电子商务企业或商家某些指标的异常变化是外界市场一些变化的客观反映，企业或商家的数据分析人员需要特别关注这些指标，如浏览量异常减少，那就需要分析是用户搜索来源减少还是直接访问减少。

4. 客户的行为习惯分析

商家利用电子商务数据可以揣测客户的消费心理与消费习惯。商家想要了解客户的真正需求，可以利用投票或问卷调查等方式来实现，不过利用数据进行整合分析也是必不可少的。商家可以利用数据分析的结果改善客户的产品使用体验，以及根据情况修改产品的定位及相应的营销活动主题。

5. 客户的购买行为分析

当某客户在购买了某公司的某款产品之后就产生了相应的购买行为，那么该

客户就由原来的潜在客户转变为企业或商家的价值客户。企业或商家一般会将客户的交易信息，如购买的商品品类、时间、数量和支付金额等信息存储至企业数据库当中。因此，对于这些客户，可以基于电子商务运营数据对其交易数据进行分析，从而估计每个客户的价值。

二、电子商务大数据分析的意义及运用

在大数据背景下，数据可以将市场、消费者和商品等领域的实时情况呈现在人们眼前。数据分析能够将企业经营数据处理成便于观察、分析、推断的形式，帮助企业推导出有价值的信息作为运营决策的依据；数据分析还能够帮助企业发现其在市场中所处的位置、发展趋势、竞争力情况等，让企业在较短的时间内快速对业务、产品等做出调整，帮助其提升市场竞争力。

（一）电子商务大数据分析的意义

1. 辅助企业或店铺运营决策

通过数据分析可以了解现阶段企业或店铺的运营状况，具体可通过各项数据指标的完成情况衡量企业或店铺近期的运营状况，然后根据分析结果辅助企业或店铺进行下一阶段的运营决策。

2. 直观展示企业运营或店铺的成效

将企业或店铺的日常关键数据指标，如销售量、转化率、购买率等，通过数据可视化的方式展现出来，可以使企业或店铺运营者对核心数据有一个整体的了解，从而把握企业或店铺运营的整体趋势。阿里巴巴“双十一”数据大屏实时展示商品交易总额（GMV）就属于这种形式。

3. 预测市场未来的趋势

预测是对企业或店铺产品未来趋势的判断，精准地判断可以指导经营活动。例如，如果能够精准地预测广告、推广的效果，就可以更好地指导企业或店铺经营者进行广告的销售与投放。预测销售量、订单量等都是常用的形式。不同行业需要预测的指标会有所不同，电子商务行业主要对每日的订单量、GMV 等数据较为关注。

4. 提升企业市场竞争力

根据数据分析中发现的问题，有针对性地提出解决问题的具体方案，从而不断提升企业或店铺的市场竞争力。例如，通过以往“双十一”出现的流量高峰问题，事先对服务器进行扩容，避免大流量冲击对业务造成影响。

（二）不同岗位对电子商务大数据的运用

1. 推广类岗位电子商务数据分析

推广类岗位对电子商务数据的运用主要表现在对市场数据及行业信息的收集与整理，结合数据分析结果推出可行的市场推广方案，然后根据所提方案组织市场推广活动，在活动中产生相应的数据，然后对其进行效果评估

2. 客服类岗位电子商务数据分析

客服类岗位对电子商务数据的运用主要表现在两个方面：一方面，对消费者提出的疑问与建议做出响应，根据数据统计结果，分析店铺运营的常见问题，完善售后服务体系；另一方面，在销售中分析消费者的购买信息，为消费者推荐相应价位的商品。

3. 采编类岗位电子商务数据分析

在采编类岗位中，通过分析网页的浏览量、商品的销量等信息，对营销效果进行较为直观的评估。

三、电子商务大数据分析的步骤

（一）常规的电子商务数据分析步骤

1. 识别信息需求

数据分析结果有效的先决条件是识别信息需求，为收集数据与分析数据提供明确目标。就数据分析的过程而言，管理者应了解用哪些数据证明数据分析过程的合理性，并且明确分析的对象和目标。在电子商务数据分析中，分析对象可能是广告的投放效果、页面点击量、成交用户数等，分析目标可能是销售额降低的原因，然后根据结果提出具有可操作性的措施。

2. 确立合理的关键绩效指标

为分析对象确立合理的关键绩效指标（KPI）。这里合理的 KPI 是指关键目标指标的制定和对该指标的预期值。预期值的设定需要对分析对象本身及其他影响因素都有较为客观地认识。例如，分析某网站一个按点击率付费的广告效果，若选择以点击率和投资回报率作为 KPI，则需要为点击率及投资回报率设定一个合理的预期值，因为如果没有预期值，就意味着没有一个评判的依据或标准，也就无法进行准确分析。

3. 收集数据

所谓数据收集，指的是根据分析的目标进行信息筛选，并排除干扰因素，以

获取与目标分析相关的数据。精确的数据在我们进行数据分析时能够发挥至关重要的作用。在这个过程中，我们需要制订计划，确定数据收集的时间、来源和方法，以便通过数据对已确定的需求加以呈现。另外，数据收集负责人员还需要明确数据的收集时间、收集渠道和收集方法，防止数据丢失和虚假数据的干扰。

4. 分析数据

分析数据是指将收集的数据通过加工、整理和分析，转化为有效信息。通常情况下，掌握“细分、对比和转化”的分析手段，就能满足电子商务基础数据分析任务的要求

5. 评估分析结果并提出改进措施

在评估数据分析结果时，企业要对数据进行检验，并根据分析结果找出问题的关键，制定相应调整和改进的措施，使问题得到解决或将负面影响降到最小。要注意数据是否真实和充分，数据分析方法是否合理，是否将风险控制在可接受的范围内。提出改进措施是最为关键的一步，也是很多数据分析工作中容易被忽视的一步。另外，如果数据分析只是呈现结果，缺少解决问题的方案，将很难定义为一次成功的数据分析。

（二）内外因素分解分析步骤

在进行电子商务数据分析时，数据指标会受到很多因素的影响，因此在进行数据分析时，选择关键分析因素显得尤为重要。内外因素分解分析较适用于该类情况。内外因素分解法可以把问题拆分为 4 个因素，通过四象限图的结构，完成内部因素、外部因素、可控因素和不可控因素范围下的数据分析工作，然后对每个问题进行针对性处理。

例如，某兼备社交性质的招聘网站，分为求职端和企业端。这类网站的获利方式一般是向企业收取一定的费用，其中有一项收费是企业购买职位的广告费。该网站的业务人员发现网站“发布职位”的数量在上半年有缓慢下降的趋势，那么对于这类数据问题，就可以运用内外因素分解法，从内部可控因素、外部可控因素、内部不可控因素、外部不可控因素 4 个角度依次分析。

1. 内部可控因素

该网站近期的更新频率、网站的推广渠道、产品的用户黏性、新老用户的留存问题等

2. 外部可控因素

同类型招聘网站近期产品的动态、用户对招聘网站使用习惯的变化及企业对

招聘员工需求的变化。

3. 内部不可控因素

该网站近期的产品战略、网站的经营战略及网站对目前市场的用户定位等。

4. 外部不可控因素

互联网招聘行业的整体发展趋势、市场的经济发展状况及一些社会事件的发生（如受经济影响，许多公司的招聘岗位减少）。

利用内外因素分解法，可以从多角度、多维度分析数据指标，避免在数据分析过程中忽略相应的影响因素。

（三）DOSS 分析步骤

DOSS 分析是指从一个具体问题拆分到整体影响，从单一的解决方案中找到一个规模化解决方案的数据分析思路。

例如，某在线教育平台提供免费课程视频，同时提供付费服务，为付费会员提供更多高阶课程内容。如果业务人员现在想将一套计算机技术的付费课程推送给一群持续在看 C + + 免费课程的用户，那么数据分析应该如何对此提供支持呢？按照 DOSS 分析的 4 个步骤，分解如下。

1. 具体问题（detailed question）

预测是否有目标客户需要购买该组课程，并且客户通过这类课程能否有所收获。

2. 整体影响（overall influence）

首先根据这类人群使用免费课程的情况进行数据分析、数据挖掘，然后对客户学习内容进行延伸，分析该平台所有学习该计算机技术课程的用户还有哪些学习需求。

3. 单一回答（single answer）

针对该群用户进行建模，监控该模型对于最终转化的影响。

4. 规模化方案（scaled solution）

推出规模化的解决方案，对符合某种行为轨迹和特征的行为进行建模，形成产品化课程推荐模型。

第四节　案例分析

一、运用综合视角分析网店销售数据

随着电子商务的发展，各类网店越来越多，竞争也越来越激烈。为提升竞争力，我们需要运用综合视角对店铺往期的各项数据进行分析，以期找到突破口，提高网店销量，赢得口碑。本节主要以某服装网店一个月内的商品销售情况为例，如图 7-1 所示。[①] 为了使销售数据更为直观，以下将运用综合视角对该销售数据进行分析。

商品代码	颜色	商品名	零售价	总数量	总金额	当前库存
CQXI2591	L01	休闲裤	468	26	12168	36
ATTI2365	E01	短袖天丝T恤	690	14	9660	12
AZRI2319	L01	牛仔短裤	468	15	7020	22
HDP1110	6	西裤	530	11	5830	9
THP2806	30	短袖柔光彩丝T恤	1880	3	5640	4
ADCI2668	D01X	短袖休闲衬衫	690	8	5520	13
AQRI2116	L01	牛仔裤	690	8	5520	20
CQXI2523	D01	休闲裤	329	15	4935	-1
ADCI2760	L01	短袖休闲衬衫	436	11	4796	12
CDBI2527	B03	短袖丝光棉衬衫	780	6	4680	4
ATBI2438	A04	短袖丝光棉T恤	660	7	4620	16
ATBI2580	L04	短袖丝光棉T恤	699	6	4194	13

图 7-1　网店基本销售情况

通过图 7-1，可以总结出以下结论。

①该服装网店在售的商品种类并不少，既有休闲裤、牛仔短裤、西裤，也有短袖天丝 T 恤、短袖柔光彩丝工恤、短袖丝光棉 T 恤等。

②不同类型的服装，其零售价也不同。其中，短袖柔光彩丝工恤因为质量好、制作工艺上乘，卖到了 1880 元／件，短袖休闲衬衫（ADCI2760）则是 436 元／件。

③休闲裤（CQXI2591）的销量最高，共卖出 26 件，累计收入 12 168 元。短袖柔光彩丝 T 恤因为价格较高，销量不太乐观，共售出 3 件，累计收入 5640 元。

④休闲裤（CQXI2523）当前库存为 −1，代表已经售罄，需要补货。

① 韩雪．电子商务数据分析 [M]．武汉：武汉大学出版社，2022．

以上 4 点都是通过图片直接得出的结论，但仅有这些结论并不能直接提升该服装网店的竞争力，需要借助综合视角来得出更深入的结论。下面是运用综合视角分析网店销售数据的工作步骤。

（1）对比视角分析商品销量

如图 7–2 所示，通过对比视角分析，观察柱形的高度，可直观地看到销量最高的商品为休闲裤（CQXI2591），销量最低的商品为短袖柔光彩丝 T 恤。

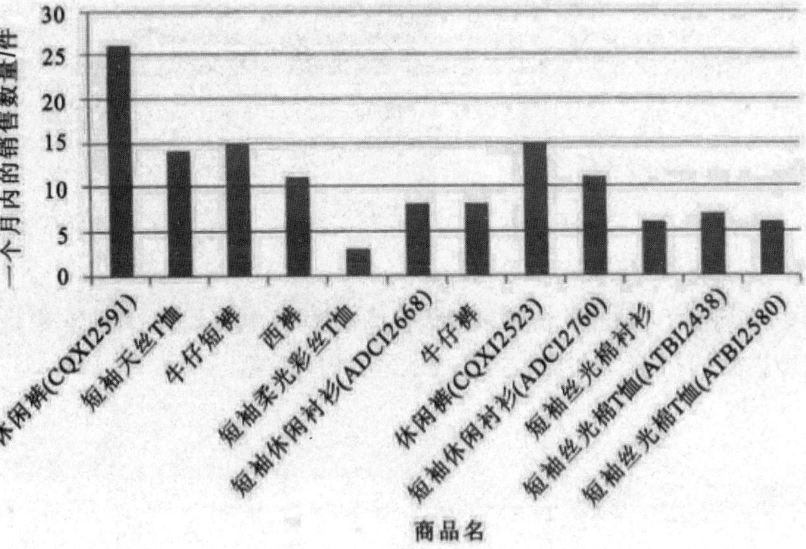

图 7-2　商品销量

（2）对比视角分析商品销售额

如图 7–3 所示，通过对比视角分析，观察柱形的长度，可直观地看到销售额最高的商品为休闲裤（CQXI2591），销售额最低的商品为短袖丝光棉 T 恤（ATBI2580）。

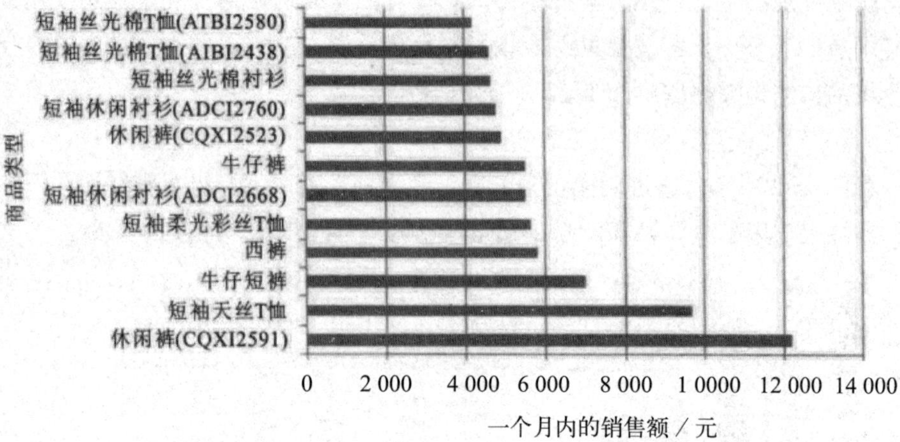

图 7-3 销售额

（3）相关视角分析商品单价与销量关系

如图 7-4 所示，从相关视角来分析，商品的零售价越高，其销售数量越低。从而得出结论：商品的零售价与销售数量呈负相关关系。

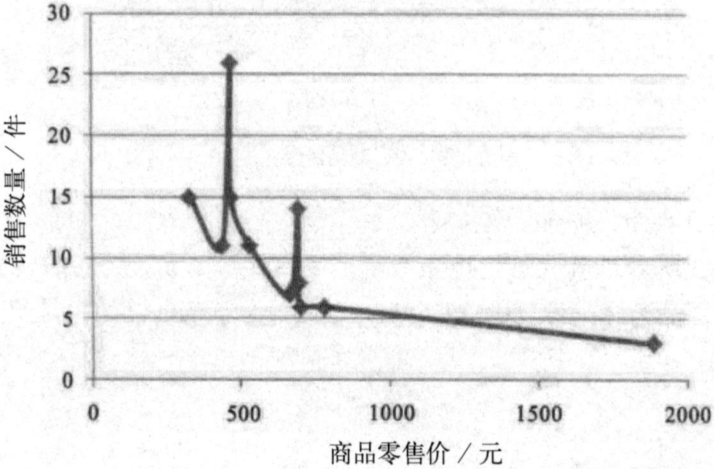

图 7-4 零售价与销售数量关系图

（4）分析与总结

通过上述综合视角分析，可以得出如下结论。

①销量最高的商品为价格中等的休闲裤，其次为价格较低的休闲裤和牛仔短裤。

②销量与商品价格基本上呈负相关关系。

③整个店铺内，裤类商品销量占比普遍较高。

④在今后的经营中应把重点放在裤类产品上，尤其是中等价格的商品。

二、运用综合视角分析网店订单数据

该服装网店在 5 天内的商品订单状况如图 7–5 所示。为了使订单数据更为直观，下面将运用综合视角对该订单数据进行分析。

收货区域	商品名称	商品数量	订单金额	下单时间	付款状态	付款时间	来源地址	性别	是否会员	年龄
上海	T恤	2	116	2020/6/30 12:30	1	2020/6/30 13:00	搜索	男	是	25
上海	衬衫	3	195	2020/6/30 12:30	1	2020/6/30 13:00	搜索	男	是	25
长沙	牛仔裤	2	236	2020/6/30 13:40	1	2020/6/30 13:59	推荐	男	否	18
长沙	牛仔夹克	1	88	2020/6/30 13:40	1	2020/6/30 13:59	推荐	男	否	18
长沙	T恤	3	174	2020/6/30 13:40	1	2020/6/30 13:59	推荐	男	否	18
广州	T恤	1	58	2020/7/1 10:12	0		好友分享	女	否	22
广州	短裤	1	68	2020/7/1 10:12	0		好友分享	女	否	22
深圳	鞋子	1	319	2020/7/1 19:02	1	2020/7/1 19:12	直播	女	否	23
深圳	连衣裙	1	219	2020/7/1 19:02	1	2020/7/1 19:12	直播	女	否	23
深圳	T恤	1	159	2020/7/1 19:02	1	2020/7/1 19:12	直播	女	否	23
杭州	外套	2	518	2020/7/2 9:30	1	2020/7/2 9:31	推荐	女	否	30
杭州	T恤	2	278	2020/7/2 9:30	1	2020/7/2 9:31	推荐	女	否	30
杭州	半身裙	1	219	2020/7/2 9:30	1	2020/7/2 9:31	推荐	女	否	30
苏州	T恤	2	250	2020/7/2 10:49	0		搜索	男	否	29
苏州	卫衣	3	429	2020/7/2 10:49	0		搜索	男	否	29
南京	卫衣	1	109	2020/7/3 12:13	1	2020/7/3 12:20	收藏	男	是	21
南京	裤子	2	398	2020/7/3 12:13	1	2020/7/3 12:20	收藏	男	是	21
北京	夹克	1	168	2020/7/3 15:20	1	2020/7/3 15:29	收藏	男	是	27
北京	衬衫	2	316	2020/7/3 15:20	1	2020/7/3 15:29	收藏	男	是	27
北京	牛仔裤	2	336	2020/7/3 15:20	1	2020/7/3 15:29	收藏	男	是	27
北京	T恤	3	417	2020/7/3 15:20	1	2020/7/3 15:29	收藏	男	是	27
福州	T恤	1	168	2020/7/3 20:30	0		搜索	男	否	32
杭州	连衣裙	1	128	2020/7/4 11:10	1	2020/7/4 11:20	收藏	女	是	28
杭州	T恤	3	234	2020/7/4 11:10	1	2020/7/4 11:20	收藏	女	是	28
杭州	卫衣	2	178	2020/7/4 11:10	1	2020/7/4 11:20	收藏	女	是	28
南京	T恤	1	118	2020/7/4 12:30	0		推荐	女	否	40
南京	裤子	1	128	2020/7/4 12:30	0		推荐	女	否	40

图 7-5　订单数据

通过图 7–5，可以得出以下简单的结论。

①该店铺 5 天内的商品订单收货区域大概分布在长沙、广州、深圳、南京、北京、杭州等一、二线经济发达的城市。

②消费者的付款时间多集中在午后。

③消费者购买商品以收藏和推荐为主，也有自行搜索、好友分享和直播引流而来的。

④消费者的性别比例较为均衡，但总体而言还是男性购买者略多。

⑤消费者以年轻群体为主，集中在 18～40 岁。

下面是运用综合视角分析网店订单数据的工作步骤。

（1）运用对比视角分析已付款与未付款

如图 7–6 所示，可以看出浅色区域为订单中已付款的部分占比，深色区域为订单中未付款的部分占比。通过对比视角分析，可直观地看出这 5 天的订单量趋势变化及对比，在 7 月 3 日订单量最多。

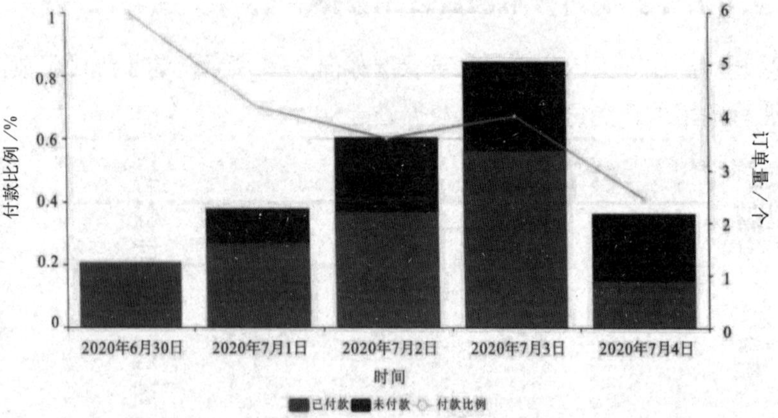

图 7-6　付款情况

（2）运用对比视角分析商品订单量

如图 7–7 所示，可看出订单量最高的商品为 T 恤，并且明显多于其他商品。

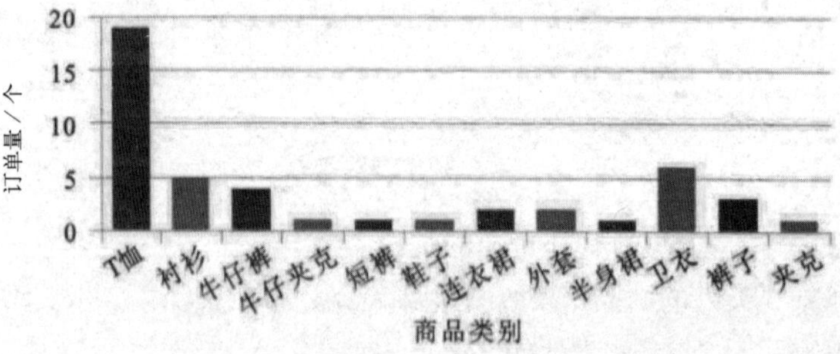

图 7-7　订单量

（3）运用分类视角分析商品订单来源

通过分类视角分析可以看出，订单的来源主要可以分为搜索、推荐、好友分享、直播、收藏 5 个渠道，如图 7–8 所示。

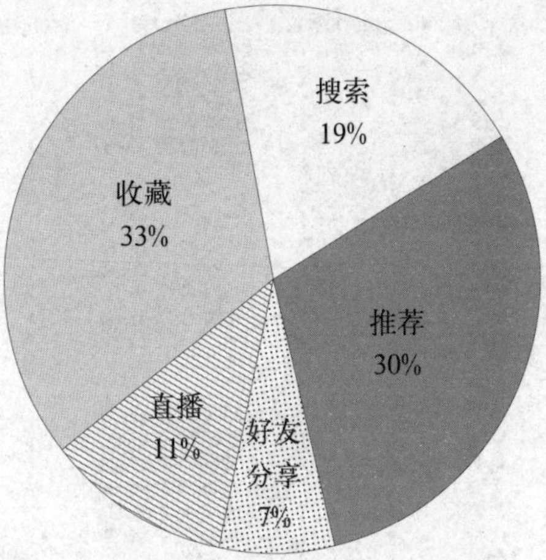

图 7-8　订单来源

从饼状图的面积占比可明确看到收藏和推荐的占比最高，分别为 33% 和 30%；而来自好友分享的订单比例最低，仅占 7%。

（4）分析与总结

通过对比视角分析已付款与未付款订单量，分类视角分析商品订单来源，可以得出如下结论。

①订单的付款比例相对来说不是很高，需要采取一些措施提高消费者的付款意愿。

② T 恤的订单量明显高于其他商品，应把销售重点放到 T 恤上。

③从订单来源来看，应加大平台营销的力度。

④应注重商品的品质，提升商品的口碑。

三、运用综合视角分析网店订单物流数据

某服装网店 5 天内的订单物流状况，如图 7–9 所示。

商品名称	下单时间	收货区域	商品数量	付款状态	付款时间	发货状态	发货时间	订单状态
T恤	2020/6/30 12:30	上海	2	1	2020/6/30 13:00	1	2020/7/1 6:30	1
衬衫	2020/6/30 12:30	上海	3	1	2020/6/30 13:00	1	2020/7/1 6:30	1
牛仔裤	2020/6/30 13:40	长沙	2	1	2020/6/30 13:59	1	2020/7/1 5:58	1
牛仔夹克	2020/6/30 13:40	长沙	1	1	2020/6/30 13:59	1	2020/7/1 5:58	1
T恤	2020/6/30 13:40	长沙	3	1	2020/6/30 13:59	1	2020/7/1 5:58	1
T恤	2020/7/1 10:12	广州	1	0		0		0
短裤	2020/7/1 10:12	广州	1	0		0		0
鞋子	2020/7/1 19:02	深圳	1	1	2020/7/1 19:12	1	2020/7/2 9:29	1
连衣裙	2020/7/1 19:02	深圳	1	1	2020/7/1 19:12	1	2020/7/2 9:29	1
T恤	2020/7/1 19:02	深圳	1	1	2020/7/1 19:12	1	2020/7/2 9:29	1
外套	2020/7/2 9:30	杭州	2	1	2020/7/2 9:31	1	2020/7/2 20:40	1
T恤	2020/7/2 9:30	杭州	2	1	2020/7/2 9:31	1	2020/7/2 20:40	1
半身裙	2020/7/2 9:30	杭州	1	1	2020/7/2 9:31	1	2020/7/2 20:40	1
T恤	2020/7/2 10:49	苏州	2	0		0		0
卫衣	2020/7/2 10:49	苏州	3	0		0		0
卫衣	2020/7/3 12:13	南京	1	1	2020/7/3 12:20	1	2020/7/4 5:56	1
裤子	2020/7/3 12:13	南京	2	1	2020/7/3 12:20	1	2020/7/4 5:56	1
夹克	2020/7/3 15:20	北京	1	1	2020/7/3 15:29	1	2020/7/5 0:01	1
衬衫	2020/7/3 15:20	北京	2	1	2020/7/3 15:29	1	2020/7/5 0:01	1
牛仔裤	2020/7/3 15:20	北京	2	1	2020/7/3 15:29	1	2020/7/5 0:01	1
T恤	2020/7/3 15:20	北京	3	1	2020/7/3 15:29	1	2020/7/5 0:01	1
T恤	2020/7/3 20:30	福州	1	0		0		0
连衣裙	2020/7/4 11:10	杭州	1	1	2020/7/4 11:20	1	2020/7/5 18:01	1
T恤	2020/7/4 11:10	杭州	3	1	2020/7/4 11:20	1	2020/7/5 18:01	1
卫衣	2020/7/4 11:10	杭州	2	1	2020/7/4 11:20	1	2020/7/5 18:01	1
T恤	2020/7/4 12:30	南京	1	0		0		0
裤子	2020/7/4 12:30	南京	1	0		0		0

图 7-9 订单物流数据

为了使该订单物流数据更为直观、明晰，下面将运用综合分析视角对该订单物流数据进行分析。

（1）运用对比视角分析商品售出数量

涉及商品售出数量之间的数据对比，可以运用对比视角进行分析。通过对比视角分析，可了解到该服装网店 5 天内售出数量最高的商品为 T 恤，共卖出 19 件，其次为卫衣和衬衫，分别卖出 6 件、5 件。

（2）运用描述视角分析收货区域

由图 7–9 可以看出，订单多来自北京、南京、杭州等经济较为发达地区，并且呈现出明显的地域划分倾向，即南方区域订单较多，北方区域订单较少。

（3）分析总结

通过对比视角分析商品售出数量，描述视角分析收货区域，可以得出如下结论。

①该服装店售出数量最高的商品为 T 恤，因此可以更多地增加 T 恤的进货数量。

②该服装店订单多来自南方地区，可以关注北方地区消费者需求，创造更高的店铺利润。

参考文献

[1] 杨伟强 . 电子商务数据分析：大数据营销 数据化运营 流量转化 [M]. 北京：人民邮电出版社，2016.

[2] 王磊，卢山，何志红 . 商务数据分析基础 [M]. 北京：机械工业出版社，2021.

[3] 胡桃，陈德人 . 电子商务案例及分析 [M]. 北京：北京邮电大学出版社，2020.

[4] 黄敏学 . 电子商务 [M]. 北京：高等教育出版社，2022.

[5] 韩琳琳，张剑 . 跨境电子商务实务 [M]. 上海：上海交通大学出版社，2017.

[6] 姚克勤 . 大数据背景下的跨境电子商务体系研究 [M]. 成都：电子科技大学出版社，2018.

[7] 陆学勤 . 电子商务数据分析与应用 [M]. 重庆：重庆大学出版社，2019.

[8] 徐林海 . 电子商务案例分析 [M]. 南京：东南大学出版社，2017.

[9] 叶鹏飞 . 亚马逊跨境电商数据化运营指南 [M]. 北京：中国铁道出版社有限公司，2020.

[10] 郑红 . 大数据背景下北京旅游电商营销模式创新研究 [M]. 北京：旅游教育出版社，2017.

[11] 贾菲璠，韩文举，胡美娜 . 大数据时代企业电子商务营销对策研究 [J]. 现代营销（上旬刊），2023（12）：149−151.

[12] 周世航 . 大数据时代下电子商务开展精准营销的策略分析 [J]. 中国商论，2023（18）：45−48.

[13] 倪思佳，田艺乐，赵金鹏 . 大数据时代下电商精准营销策略的实践应用 [J]. 老字号品牌营销，2023（2）：27−29.

[14] 叶万余，谷苗苗 . 跨境电子商务发展趋势下消费者购物行为的转变 [J]. 国际公关，2024（2）：29−31.

[15] 赵紫彤，周漫，高松，等 . 我国电子商务发展水平及影响因素研究 [J]. 商展经济，2024（1）：59−62.

[16] 邵彪，李正辉，马梅兰．大数据时代电子商务中消费者隐私保护问题及对策[J]. 网络安全技术与应用，2023（9）：126–128.
[17] 江月．数字经济背景下电子商务企业运营数据分析 [J]. 中国储运，2024（3）：95–96.
[18] 邵彪，杨鸿莉．电子商务环境下消费者隐私保护问题研究 [J]. 甘肃高师学报，2022（2）：35–38.
[19] 贾慧文．大数据分析在电子商务市场调研中的应用 [J]. 中国商界，2024（1）：206–207.
[20] 金伟健．大数据分析技术在电子商务中的应用研究 [J]. 信息与电脑（理论版），2023（20）：203–205.
[21] 谷丹．大数据时代消费者个人信息保护研究 [D]. 重庆：西南政法大学，2022.
[22] 李海丽．基于数据挖掘的电子商务客户流失分析 [D]. 北京：对外经济贸易大学，2019.
[23] 汪新建．大数据时代电子商务安全与数据分析平台研究 [D]. 贵阳：贵州财经大学，2016.
[24] 詹明君．基于点击流数据的电子商务用户购物行为分析 [D]. 广州：广东工业大学，2018.
[25] 赵龙．电子商务数据分析平台的设计与实现 [D]. 长沙：湖南大学，2019.
[26] 廖静欣．基于电子商务平台的数据分析系统 [D]. 广州：广东外语外贸大学，2017.
[27] 高海建．基于大数据视角的电子商务产业研究 [D]. 北京：首都经济贸易大学，2016.
[28] 张晓雪．大数据时代个人信息保护的问题与对策研究 [D]. 济南：山东大学，2021.
[29] 姚伟波．大数据背景下我国电子商务发展对居民消费的影响研究 [D]. 镇江：江苏大学，2019.
[30] 于昕彤．《电子商务法》视域下的电子支付安全问题研究 [D]. 锦州：渤海大学，2022.